# A OUTRA LÍNGUA DAS MULHERES

# LÉONORA MIANO

# A OUTRA LÍNGUA DAS MULHERES

**TRADUÇÃO**
Carolina Selvatici e Emilie Audigier

*L'autre langue des femmes*
© Éditions Grasset & Fasquelle, 2021

Todos os direitos desta edição reservados
à Pallas Editora e Distribuidora Ltda.

**EDITORAS**
Cristina Fernandes Warth
Mariana Warth

**COORDENAÇÃO EDITORIAL E CAPA**
Daniel Viana

**ASSISTENTE EDITORIAL**
Daniella Riet

**TRADUÇÃO**
Carolina Selvatici e Emilie Audigier

**PREPARAÇÃO DE TRADUÇÃO**
Andréia Manfrin Alves

**REVISÃO**
BR75 | Aline Canejo

Este livro segue as novas regras do Acordo Ortográfico da Língua Portuguesa.

**DADOS INTERNACIONAIS DE CATALOGAÇÃO NA PUBLICAÇÃO (CIP)**
**(CÂMARA BRASILEIRA DO LIVRO, SP, BRASIL)**

Miano, Léonora

    A outra língua das mulheres / Léonora Miano ; tradução Carolina Selvatici, Emilie Audigier. -- 1. ed. -- Rio de Janeiro : Pallas Editora, 2024.

    Título original: L'autre langue des femmes.
    ISBN 978-65-5602-134-8

    1. Mulheres - África - Subsaariana - Condições sociais 2. Mulheres - Emancipação 3. Mulheres - Comportamento sexual I. Título.

24-222215                     CDD-305.42

Índices para catálogo sistemático:
1. Mulheres : Aspectos sociais : Sociologia 305.42
Aline Graziele Benitez - Bibliotecária - CRB-1/3129

*Cet ouvrage a bénéficié du soutien des Programmes d'aides à la publication de l'Institut Français.*

Este livro contou com o apoio à publicação do Institut Français.

**PALLAS EDITORA E DISTRIBUIDORA LTDA.**
Rua Frederico de Albuquerque, 56 – Higienópolis
CEP 21050-840 – Rio de Janeiro – RJ
Tel./fax: 21 2270-0186
www.pallaseditora.com.br | pallas@pallaseditora.com.br

A mulher é o sexo forte.
A mulher é o auge da Criação.
**Chantal Kingué Tanga (minha mãe)**


I found god in myself, and I loved her.
I loved her fiercely.
[Eu encontrei a deusa em mim mesma e a amei.
Eu a amei ferozmente]
**Ntozake Shange**

# SUMÁRIO

INTRODUÇÃO
**ENTRE AS MULHERES DO MUNDO**  9

**MULHERES DE PODER**  33

Gozo criador  49

Rebelião censurada  64

Infanticídios gloriosos  68

Assento real  83

Colheita sangrenta  103

Fúria castradora  113

Romance principesco  118

Pantera negra  122

Pax africana  126

**COLETIVOS DE MULHERES**  133

Sentar-se sobre o macho  138

Mulheres incríveis  150

Adoração ao clitóris  156

CONCLUSÃO
**NA ÁFRICA E ALÉM-MAR**  163

REFERÊNCIAS  177

INTRODUÇÃO
# ENTRE AS MULHERES DO MUNDO

As mulheres do continente africano têm uma história, já que a existência delas se confunde com as origens da humanidade. Elas são a ascendência, a fonte. Mas será que entraram mesmo para a História, se considerarmos que, para isso, um lugar de honra na consciência humana, no imaginário dos povos, teria que ter sido concedido a elas? Faria sentido levantar essa questão, já que a identificação com as subsaarianas sobre as quais nos debruçaremos aqui não existe. Não estamos falando do uso de penteados nem de adornos, uma iniciativa pontual e minoritária. Tampouco se trata do interesse que vemos por certos estilos musicais ou do prazer que as viagens por universos literários vistos como exóticos trazem. A identificação não é um fenômeno passageiro, superficial. É o reconhecimento de uma parte de si mesmo no outro, da legitimação de sua experiência como ensinamento, de uma assimilação, mesmo que parcial, de sua história, porque ela tem pleno direito de existir em uma narrativa universal. E, obviamente, é uma empatia verdadeira, não a condescendência que vê as subsaarianas como seres em perigo — que temos a obrigação de socorrer antes mesmo que emitam um único grito. Claro, nós não as salvamos de nada, não é esse o objetivo. Como poderíamos fazer isso, uma vez que não nos vemos refletidos nelas? Na maior parte do tempo, as várias tentativas de salvá-las de culturas atrasadas — e de homens claramente piores que outros — só conseguiram cortar suas asas. Alocadas em um espaço pouco cobiçado, atormentadas por sanções urgentes e sobrecarregadas por representações desvalorizadoras, elas precisam se enraizar de maneira sólida no que as constitui para prosperar e brilhar. Mas isso não é fácil, pois as vozes vindas de fora ensurdecem a que vem de dentro, e as imagens do exterior embaçam o olhar que têm de si mesmas.

A influência simbólica e epistêmica do Ocidente continua forte — tanto que se inscrever de forma legítima em nossa época, e mais ainda nas que virão, ao que parece, só pode acontecer por meio do mimetismo. No entanto, muitas vezes, só temos acesso à forma, o que torna a imitação apenas uma cópia aproximada, incapaz de reproduzir os modelos aos quais pretendíamos nos conformar. Mas esse conteúdo não nos escapa por uma impossibilidade absoluta de apreendê-lo. O problema é que, para chegarmos realmente a ele, é preciso ser outro, não sermos nós mesmos. Podemos fazer essa escolha de forma consciente, decidir que nos tornarmos algo diferente é a melhor solução. Mas, sobretudo, é preciso se determinar sem nenhum tipo de restrição. Pesar os prós e os contras, concluir que morrer para si pode ser uma das modalidades mais radicais de sobrevivência, se o objetivo for apenas esse. Ninguém além da própria pessoa poderia medir o tamanho desse sacrifício. A alteridade seria mantida, e os propagadores do pensamento hegemônico, insatisfeitos com sua vitória, ainda tentariam aperfeiçoá-la.

Por enquanto, nem as subsaarianas nem os homens que nascem na região forjaram ferramentas que autorizam essa metamorfose, consentida por ser uma iniciativa própria. As sociedades neocoloniais, paridas por uma série de tragédias e por uma negligência bem conhecida, não se atrelaram à invenção de culturas novas. Não deram à luz sistemas que pacificaram o confronto entre as contribuições europeias e o patrimônio ancestral. Na verdade, a noção de hibridação não serve para definir a justaposição impensada, mal-incorporada, dos subsaarianos e do outro. São raros os casos em que as duas culturas, a europeia e a subsaariana, são perfeitamente dominadas. De maneira geral, elas não coabitam bem e têm dificuldade de se alimentar mutualmente. A mais propagada, a que os Estados mais incorporaram, fagocita a outra — que, então, passa a existir apenas de maneira ornamental. Essa cultura pode até colorir a aparência que as pessoas se dão, acrescentar sabor aos pratos que provam, mas nada é elaborado a partir dela. Ela não pode conceber, projetar nem determinar. Nas sociedades neocoloniais em que a aquisição de técnicas e saberes europeus é mais valorizada, porque permite a inserção e a ascensão sociais, as pessoas que conseguem terminar os estudos têm um *status* melhor. Como a cultura subsaariana não se encaixa no meio profissional que requer parte importante do seu tempo, ela é vista como obsoleta. Não é ela que molda o mundo, que rege os detalhes do cotidiano, sobretudo nos centros urbanos.

O problema é que essa sociedade e seu funcionamento vêm de outro lugar. Para a maioria da população, esse universo só pode ser apreendido pelo modo como ele estrutura o espaço e pelas obrigações administrativas a que todos se submetem para evitar sanções. Isso não significa que as pessoas entendam propriamente o modelo nem que possam, por isso, aderir a ele ou rejeitá-lo com conhecimento de causa. E também não significa que, por tê-lo entendido, todos possam pôr sua marca nele, transformá-lo, fazer com que outro surja dele. Por exemplo, não há nada, na administração atual da maior parte das cidades subsaarianas, que venha da organização das sociedades pré-coloniais. Tudo o que essas metrópoles dizem é que outros chegaram a elas um dia e a população resolveu não deixar o local. Mas, apesar de não existir necessariamente um apego, porque nos acostumamos a uma ordem nociva das coisas, a possibilidade de criar o novo mundo do qual deteríamos as chaves foi extremamente prejudicada. Para sobreviver, porque fomos reduzidos a isso, nos resignamos à derrota, mas sem admiti-la o suficiente para reproduzir o modelo de importação de maneira idêntica, relegando à dimensão folclórica o modelo que o havia precedido, cujo rastro está destinado a desaparecer.

A africanidade contemporânea surge então como um "epistemicídio" interminável, que resulta, claro, da influência colonial, mas também de uma falta de visão e vontade política dos países subsaarianos. E é fácil ver por que essa africanidade vinda da colonialidade (Miano, 2020) que se estabeleceu à frente dos Estados, nos lugares de poder, esconde o horizonte. Para imaginar algo diferente de uma vida sob os escombros de si mesmo, é preciso ser treinado e até guiado. Temos que admitir que esse não é o caso, e não podemos culpar as deportações transoceânicas, nem os muitos assassinatos de combatentes subsaarianos pela liberdade, por mais traumatizantes que tenham sido. Como a África subsaariana é tanto um reservatório único de matérias-primas — pelo menos dois terços dos recursos necessários à sobrevivência dos países industrializados existem apenas no continente — quanto um mercado importante, ela não teve permissão para tratar suas feridas e se redefinir com toda a soberania. E, como o continente tampouco soube tomar esse direito para si, essa situação se mantém há meio milênio.

Além dos recursos citados há pouco, a África subsaariana — e não reconhecemos isso o suficiente — oferece aos poderosos uma preciosa ilusão de superioridade. Num mundo em mutação, ela tranquiliza aqueles que sofrem pela perda de poder, permite que tenham sempre, de certa forma, um pouco mais do que ela. As subsaarianas encarnam a terra que habitam. Seu *status* se confunde com o dela, por isso, elas são vistas como miseráveis, oprimidas por excelência, vítimas de uma história que teria acontecido sem a sua participação. No entanto, não foi na África que as mulheres acabaram de ser autorizadas a dirigir nem que o infanticídio das meninas correu solto até pouco tempo atrás. Ironicamente, essas mulheres com quem ninguém se identifica são muitas vezes apresentadas como o futuro de seu continente. Contanto, claro, que se comportem bem e respeitem certos requisitos. Estes últimos, ligados às representações dessas mulheres fora do continente — que, por sua vez, estão relacionadas ao uso que se deseja fazer desse espaço e de seus habitantes —, evoluem seguindo as necessidades de seus prescritores. Nesse imaginário estrangeiro, as subsaarianas deixaram de ser vistas como selvagens e, por isso, incapazes de serem boas mães, e passaram a ser amas de leite incomparáveis, maternais quase por natureza (Le Bihan, 2007). De ucronias a utopias, as imagens das mulheres subsaarianas sempre têm por objetivo consolidar ou contestar a ordem da sociedade que profere esses preconceitos. Em todos os casos, essas construções permitem que outras mulheres pisem nas subsaarianas degradadas e, assim, se elevem. Segundo elas, é hora de praticar a sororidade. É difícil entender os motivos disso, especialmente no plano político, quando algumas continuam se automutilando para se parecerem com outras, que não são afetadas por aquilo. No entanto, a raspagem da pele, o alisamento dos cabelos, a ocidentalização de olhos puxados e o alongamento das pernas têm uma história. E ela não para de relatar, de lembrar que o colonialismo passou por ali e que as mulheres se beneficiaram dele, que elas contribuíram para sua implementação, visitaram zoológicos humanos para onde foram levadas outras mulheres, que não teriam pensado em abraçar aquelas cuja animalização consagrava não apenas a feminilidade, mas sobretudo a humanidade delas.

Há décadas as subsaarianas se esforçam ao máximo para recusar as definições vindas de fora, tentam se livrar dos programas estabelecidos para elas. Alguns anos antes da primeira Conferência Mundial sobre a Mulher, que foi realizada em 1975, no México, e da segunda, organizada em 1976, no Wellesley College de Boston,[1] dois eventos importantes em que as subsaarianas explicariam sua diferença, elas já recusavam isso, como demonstraram em um colóquio organizado pela Sociedade Africana de Cultura em 1972, intitulado "A civilização feminina na tradição africana". Basta ler a introdução do evento para perceber que os debates atuais já vinham sendo realizados há 50 anos.

> Os movimentos feministas procuram conceder à mulher os mesmos direitos que os homens têm. Foi, de fato, na Europa, que foi encontrada a melhor fórmula para libertar a mulher de uma série de servidões nascidas do egoísmo do homem e do desenvolvimento contínuo de sua civilização. No dia em que a mulher gozar das mesmas liberdades, e das vantagens que essas liberdades conferem, me parece que, na Europa, não haverá mais problemas graves para elas.
> Mas, na África Negra, será que o mesmo aconteceria?
> ...podemos recusar esse automatismo que favorece a transferência pura e simples dos problemas, das soluções e das instituições nascidas da história do Ocidente para a África. (Société Africaine de Culture, 1975)

Esse colóquio, que reuniu sobretudo subsaarianas, francófonas e anglófonas, não era um bom momento para negar os problemas. Porém, todas tentaram fazer uma leitura própria, valorizar a contribuição das mulheres para a edificação da sociedade, lembrar que elas não deviam esperar que o feminismo lhe fosse desferido para desenvolver seus talentos em muitas áreas, adquirindo assim fortuna e poder, inclusive

---

[1] *Women and Development/The Welleslley Conference* (Isis International, 1976). Depois desse encontro, no qual as africanas tiveram a impressão de que as ocidentais queriam impor uma agenda que não se alinhava com suas prioridades, as universitárias vindas da África, Filomina Steady (Serra Leoa), Achola Pala (Quênia) e Fatima Mernissi (Marrocos), criaram a Associação das Mulheres Africanas para a Pesquisa e o Desenvolvimento (Association of African Women for Research and Development — AAWORD). Sua recusa em se submeter ao pensamento dominante era de uma radicalidade tão grande que, no início, a AAWORD não aceitava a adesão de mulheres não africanas.

político. Essas mulheres subsaarianas, que ainda não estão no imaginário do mundo, ocuparam todo tipo de função desde a Antiguidade. E, ao contrário de outras, não foi apenas por ouvirem vozes ou terem se tornado as favoritas do rei que elas passaram para a posteridade. Ao acompanhar a história delas, conviver com as figuras excepcionais que conseguiram se tornar, as sociedades iniciáticas e os movimentos femininos que criaram, é fácil criar um matrimônio[2] capaz de forjar a confiança em si necessária para ir ao encontro do mundo. Este livro convida você a fazer esse passeio e desvelar, por meio da análise dos percursos mencionados, uma outra língua das mulheres. Estas palavras devem evocar uma voz ativa, a voz de mulheres que não se definem pela ação negativa de outras sobre elas e que não esperam que modelos surjam para inventar a própria vida.

Essa outra língua das mulheres emana de uma autoconsciência que não quer esperar para impor aos homens que eles ousem se transformar. Muitas subsaarianas souberam falar essa língua ao longo dos séculos. Nem todas poderão ser citadas nestas páginas, que não contêm um trabalho de historiadora e foram escritas a partir de um saber evidentemente documentado, porém incompleto, já que a oralidade às vezes confinou ao *status* de lenda algumas das personalidades que apresentaremos. Longe de ignorar as restrições culturais, essas ancestrais que a África oferece a todas afirmaram sua singularidade, enfrentaram desafios sem elaborar nenhuma teoria. Foi assim que elas marcaram a História: por terem se autorizado a ser, aceitado controlar o próprio destino, mas também pagado o preço da liberdade individual, muitas vezes ameaçada pelo grupo e por seus costumes. A ideia aqui é aprender algo com todas elas, inclusive ao analisar suas falhas ou entender o subtexto de lendas cujo brilho eclipsa a história. Este ensaio não estuda o discurso dessas mulheres do passado porque ele nem sempre é conhecido. Sua proposta é refletir sobre a vida das mulheres do Sul do Saara a partir das figuras que ainda precisam ser apresentadas ao mundo.

---

2   N.T.: Aqui a palavra tem sentido de "patrimônio materno", não de "casamento".

Antes de mergulhar nos universos e na memória das mulheres subsaarianas, salientamos que as críticas feitas à marcação de algumas delas com o ferro quente do feminismo não têm por objetivo desvalorizá-las. Pelo contrário: queremos restituir a verdade delas, recusando, por um lado, o anacronismo e, por outro, a submissão intelectual. Não há por que tornar as experiências femininas importantes apenas quando ocupam um quarto de empregada num casarão erguido pelas mulheres de outra região do mundo e segundo as necessidades delas. É só ao reconhecer e respeitar suas trajetórias particulares que as mulheres do mundo inteiro poderão ter relações fecundas. Depois de 50 anos de disputas, deve ser possível entender isso. Enquanto esperamos o surgimento de um tipo de Internacional feminina, seria bom se não apoiássemos essa sororidade apenas nos estigmas de uma condição sofredora — violências conjugais, agressões sexuais, discriminações etc. —, e sim nos dedicássemos a valorizar a participação de todas na história mundial das mulheres. Há muito o que fazer para instaurar a igualdade nesse sentido.

Nós nos queixamos da hegemonia dos homens, mas essa crítica deveria se aplicar também à dissimetria que rege as relações entre espaços humanos e confere a certas mulheres um poder que elas não deixam de usar sempre que precisam impor seu modelo a outras. Esse é o caso, claro, da relação das subsaarianas com as ocidentais, mas também com as orientais quando elas fazem parte de sociedades islamizadas. Ocidentais e orientais aproveitam benefícios obtidos na época colonial e nunca os questionam. Elas não só são receptoras dos espólios dos saques coloniais, sejam eles materiais ou simbólicos, mas é nelas que é preciso se inspirar — e o contrário nunca acontece. Os canais de televisão a cabo inundam a África subsaariana de imagens dessas mulheres estrangeiras promovendo sua estética e suas visões de mundo. Nessas relações desiguais entre mulheres, as ocidentais detêm o poder que a colonialidade confere, enquanto as orientais gozam da vantagem, também política, outorgada pela revelação divina. Foi na língua delas que Deus se revelou aos humanos e, desde então, Ele não aprendeu nenhuma outra.

Falar a língua de Deus, convenhamos, não é uma vantagem irrelevante, sobretudo quando a fé não é uma lei, mas *a* lei. A isso é preciso acrescentar o poder financeiro, a prosperidade turbulenta e as ambições subsaarianas das monarquias xerifianas ou do Golfo Pérsico, para citar apenas algumas. No imaginário colonialista dos orientais, os subsaarianos continuam marcados pela escravidão, e a afrofobia sistemática perpetuada nesses países é ainda pouco combatida. É na Europa que artistas, como o afro-iraniano Saeid Shanbehzadeh, conseguem promover uma cultura ostracizada e ameaçada em seu país natal. Os palestinos de ascendência subsaariana, menos conhecidos que seus vizinhos israelitas, são discriminados, apesar de sua identificação total com a Palestina. E esses são apenas exemplos, pois as sociedades orientais são repletas desse racismo.

As subsaarianas parecem sempre ser obrigadas a se determinar entre Ocidente e Oriente,[3] visto que sua herança foi depreciada pelas conquistas estrangeiras. Diante desse cenário, não podemos esquecer as palavras de Kwame Nkrumah: *We face neither East nor West, we face forward* [Não olhamos nem para o Oriente nem para o Ocidente, e sim para frente]. Essas palavras, ditas na época da Guerra Fria, mencionavam os dois blocos que se enfrentavam na época e tornavam o planeta inteiro terreno de suas beligerâncias. A ideia era se concentrar em um futuro próprio, no que viria pela frente [*forward*], mais que escolher um lado. Hoje, essa frase ainda é válida para indicar que não é preciso procurar um modelo nem no Oriente [*East*], nem no Ocidente [*West*]. Seria uma decisão sensata. A região não pode adotar sistemas tão imbricados na destruição e tão dedicados a desprezar as culturas subsaarianas. A infiltração oriental na África subsaariana, escravagista e conquistadora em termos religiosos, durou longos séculos e fragilizou as sociedades da região — que as invasões ocidentais acabaram por destruir.

A dominação oriental foi essencialmente movida pelo fanatismo religioso — o objetivo maior era dominar os espíritos e não tanto a terra —, mas, quando a venalidade levou a Europa a instrumentalizar

---

3   Incluo aqui Magrebe, a parte ocidental do mundo árabe.

sua fé com fins imperialistas, essas forças nefastas se sucederam para desestruturar o universo subsaariano. E, lógico, as relações desses dois espaços com a África ao sul do Saara ainda são influenciadas pela História e pela maneira como ela foi ou não utilizada. É preciso, mesmo assim, destacar a ambivalência ocidental em relação a esse assunto, a mistura constante do desprezo e do desejo e até uma forma — viciada, claro — de afeto. Esse ambiente incômodo ainda assim tornou audível um discurso sufocado no Oriente, e duas resoluções votadas recentemente, em 2019 e 2020, no parlamento europeu são testemunhas disso (Parlamento Europeu, 2019, 2020). A ocidentalidade, face tenebrosa da Euroamérica é, inclusive, combatida desde o seu nascimento por forças internas dos próprios países ocidentais. Apesar de minoritárias e muitas vezes derrotadas, elas distinguem o Ocidente do Oriente, onde nenhuma iniciativa parecida surgiu até hoje.

As relações hoje antigas entre as regiões do mundo e as mutações identitárias proíbem a concepção de uma volta a épocas e modos de vida desconhecidos. A tarefa em que a África subsaariana precisa se concentrar é a elaboração de um modelo social, político e espiritual que permita que ela veicule suas aspirações, seu próprio discurso. Só assim ela vai poder dialogar de forma saudável com outros espaços humanos, incluir alguns de seus traços culturais na paisagem do mundo. Estamos falando de ideias, práticas sociais, figuras históricas e espiritualidades. Elementos que fariam a África subsaariana penetrar não apenas na carne dos povos em que ela foi incluída à força por séculos de servidão, mas no espírito deles. Elementos que vamos encontrar muitas vezes nos percursos femininos, individuais ou coletivos, que serão examinados aqui.

O Ocidente, mestre nesse assunto, propagou em todo o mundo a primazia do ter sobre o ser. Ora, o que os povos, quaisquer que sejam, têm a oferecer de essencial não é dessa natureza. Logo, não há motivo para se deixar levar por isso. Nosso passeio pela História e pela memória das mulheres subsaarianas não vem ratificar a ideia de que o futuro do continente reside inteiramente em seu passado. A ideia aqui é evidenciar as trajetórias femininas que devem encontrar um lugar na consciência mundial. São mitos que podem nutrir o pensamento universal, enriquecer a criação artística, e, claro, motivos pelos quais as subsaarianas não precisam se submeter à coerção feminista.[4] O objetivo não é negar a importância dessa abordagem, mas situá-la e lembrar que o universal não é essa particularidade que se expandiu através da brutalidade colonial. O universal é o que os humanos têm em si pela própria humanidade. Todo o resto é específico.

O feminismo, a exigência de que mulheres sejam tratadas em pé de igualdade em relação aos homens dentro de uma sociedade específica, não é nem tem que ser universal. Ele é a resposta dada pelas mulheres de um lugar preciso às perguntas impostas a elas, que se apresentavam sobretudo como vítimas da dominação masculina e forjaram uma ontologia feminina vitimista. Ele foi escolha delas, e não há um bom motivo para que toda mulher audaciosa ou ambiciosa se veja marcada pela pecha de feminista. Aliás, algumas mulheres podem não manifestar nenhum interesse pelo destino de suas semelhantes. Ou pior, podem ser misóginas. Isso acontece com frequência, mas é muito pouco mencionado. Quando lutam para se emancipar do patriarcado, as subsaarianas não defendem de forma alguma o direito de se casar com vários homens, por exemplo. Por mais que algumas gozassem desse privilégio antes, essa medida de igualdade em relação aos homens, no seio de sociedades que ainda defendem a poligamia, não faz parte de seus objetivos. No entanto, trata-se de um direito masculino reconhecido pela lei, independentemente de qualquer cenário religioso, mesmo que eles possam escolher um regime matrimonial monogâmico quando quiserem.[5] As subsaarianas que moram em países em que a legislação confere ao esposo o chamado "direito de correção" sobre a esposa e os filhos, ou

---

4  A palavra não é forte demais. Durante o discurso feito na Conferência da Francofonia, em 2018, em Erevan, o presidente da França declarou: "A francofonia deve ser feminista, o futuro da África será feminista, tanto na Europa quanto fora dela (...)". (Macron, 2018). Como Emmanuel Macron se tornou especialista em dar ordens às subsaarianas, reconhecemos aqui que está sendo fiel a ele mesmo. Ficamos, mesmo assim, espantados ao ouvir, da parte de um homem de sua geração, palavras tão intimidadoras, já que determinam que a África estaria ameaçada a não ter futuro fora dos caminhos prescritos.

5  Muitas vezes, a vontade dos homens se impõe em contextos societários em que a respeitabilidade, para as mulheres, é adquirida também pelo casamento.

seja, de usar a violência como castigo, são mais favoráveis à abolição desta lei do que à possibilidade de se beneficiar da mesma regra. Logo, a igualdade no senso estrito não é emancipadora.

Quando dizemos que somos favoráveis ao fortalecimento das mulheres, somos obrigados a ouvir suas vozes, fazer com que elas ecoem. Somos também obrigados a respeitar suas escolhas individuais. Não se identificar com outras mulheres, integrantes de uma categoria prejudicada e permanentemente em luta, faz parte; assim como reivindicar certa autonomia, pois as perspectivas de realização não exigem que façamos absolutamente tudo o que os homens fazem. Eles não são um ideal a alcançar, e as mulheres de uma sociedade podem, inclusive, em função de suas aspirações, exigir também direitos diferentes. O poder das mulheres nas sociedades subsaarianas antigas estava, muitas vezes, no fato de prerrogativas específicas lhes terem sido dadas. O domínio feminino, inviolável, constituía uma das bases essenciais dessas comunidades. O feminismo se definiu de maneira precisa. Tentar fazê-lo endossar todas as reivindicações femininas retira o sentido e anula o alcance de palavras singulares, reduzindo-as ao silêncio.

Para as subsaarianas, e para as mulheres em geral, é importante se conhecer e se ver sem se comparar com os seres do sexo masculino, algo que o feminismo como o conhecemos não oferece. Esse movimento é obcecado pela figura masculina. Ora, o necessário seria habitar, fortalecer e amar o princípio feminino que encarnamos, garantir sua soberania antes de se interessar por suas eventuais relações com o outro polo, tal qual manifestado fora de nós.[6] A não ser para exigir os direitos devidos a todo ser humano, a igualdade em relação aos homens não deveria ser uma questão para as mulheres. É comum que elas sejam superiores em todos os domínios possíveis, o que devemos reconhecer sempre que for o caso, e algo que a África subsaariana soube admitir.

---

6   Os princípios femininos e masculinos devem ser distinguidos dos dois sexos, já que todo ser humano os abriga em si. No entanto, esses princípios são mais acentuados em um dos sexos e atenuados no outro. Assim, as mulheres encarnam, *a priori*, o princípio feminino, apesar de não terem exclusividade sobre ele. E é sobretudo nelas mesmas que precisam encontrar a energia masculina, que não é propriedade dos homens.

E, como a humanidade lastima há séculos as destruições causadas por uma força masculina mal ordenada, não é apenas postulando a igualdade de princípios que vamos resolver o problema — é ao admitir a necessidade não apenas de reabilitar os valores associados ao feminino, mas de sua supremacia, pelo tempo que for necessário. Não é o que dizem as feministas, mas, como elas têm o apoio da nossa época, seria melhor que promovessem e preservassem outros discursos quando manifestassem a vontade das mulheres e tentassem obter a elevação de seu *status* como querem.

Todas nós nascemos num mundo moldado pela história colonial, pela submissão de alguns a outros. Nada nos obriga a mantê-lo assim, a insistir em posições impostas pelas confusões do masculino. No entanto, é isso que fazemos ao ignorar a necessidade de cada uma de descrever o mundo com os próprios termos e a partir da própria experiência. Esse comentário vale tanto para quem tem uma voz que se impõe quanto para quem aceita não ser ouvida. Queremos pensar que, para se fazer entender, é preciso falar a mesma língua. Não é verdade. O necessário é escutar e aprender a língua da outra. Conhecê-la, a fim de entender as semelhanças e as diferenças. O necessário, além disso, é lembrar os sotaques de nossa língua para evitar que a perda nos obrigue a nos descrever, de maneira lamentável, na língua de outra pessoa. Há várias décadas, as subsaarianas têm consciência de sua originalidade. Muitas vezes elas não tiveram coragem de atualizar seu discurso e se restringiram a adotar, de maneira transgressora, ou a contradizer o discurso de outras. As ideias apresentadas como alternativas ao feminismo (Acholunu, 1995) foram sendo desvalorizadas justamente por causa dessa afirmação de si enunciada em oposição a uma retórica que se dizia e se considerava universal.

Sem essa pretensão totalmente ocidental, bastaria que as mulheres enunciassem a sua verdade, a recolocassem em circulação em seu solo natal, lá onde a outra língua das mulheres não era mais ouvida. Isso não aconteceu, e essas teorias — produzidas, sobretudo, por anglófonas — foram restritas ao meio universitário e hoje são mais lidas nas aulas de estudos africanos e de gênero americanos do que no espaço subsaariano francófono, por exemplo. Nossa tarefa agora é reconquistar a nós mesmas. Temos certeza disso e já estamos trabalhando nela. As diversas publicações sobre as mulheres na história do continente africano são testemunhas dessa iniciativa. A maioria delas é uma necessária celebração de si mesma, mas também uma instrumentalização de figuras do passado para legitimar o próprio lugar no âmbito do feminismo. Ao percorrer as histórias das subsaarianas que costumam ser convocadas com mais frequência, por terem sido feministas antes do surgimento do conceito, tentaremos mostrar os motivos para essa visão estar quase sempre errada.

As subsaarianas, que deram à luz a humanidade, não precisam mendigar um quarto na casa-grande construída por outras. Basta simplesmente que reinvistam sua história e saibam, a partir de seu matrimônio, forjar ferramentas para sua autodeterminação. Quando esse autoconhecimento for obtido e atualizado, elas tomarão consciência da riqueza que devem compartilhar com todas as outras. Como essa celebração já está sendo posta em prática, nos autorizamos a manifestar uma irreverência respeitosa em relação a nossas ancestrais. Especialmente quando o assunto for mulheres no poder, nós não nos privaremos de questionar suas ações e seu lugar como fonte de inspiração para as jovens gerações. Nem as mais impressionantes, as mais singulares, são livres de defeitos, como vamos ver. Para respeitá-las, e até amá-las, é preciso também ser capaz de se confrontar às dificuldades que as motivavam. A força delas não dissimula suas sombras. Na verdade, por conhecer o brilho de sua luz, ela habita nessas mulheres de forma serena. A vergonha, presente demais em certa visão subsaariana das coisas, não pode ser incluída em uma análise da História e contraria a possibilidade de aprendermos coisas com elas. Não há por que temer o olhar nem o julgamento de terceiros, a menos que queiramos legitimar não apenas sua condescendência, mas também sua propensão a dispensar recomendações não solicitadas para todas as áreas. Assumir nossa parte obscura, nossa parte no crime universal, é afirmar nossa humanidade. As pessoas que inventam ancestrais irrepreensíveis proclamam a própria imaturidade, a própria incapacidade de participar do futuro do mundo, o próprio ódio pela justiça — que se torna menos importante que a preservação de uma imagem artificial.

As mulheres de que falaremos pertencem a regiões diferentes do espaço subsaariano e representam culturas específicas, em uma época precisa de sua evolução. A decisão de associá-las nestas páginas foi bastante consciente. Suas trajetórias formam um tecido reticular de histórias femininas fortes, que deveriam constituir o matrimônio do continente e figurar em lugar de destaque no mundo. Essa escolha também demonstra nosso desejo de ver, em breve, as populações subsaarianas misturarem suas heranças, trocarem experiências. Isso permitiria que as mulheres encontrassem recursos no próprio continente, antes de tentar buscá-los longe dele, quando constatassem mesmo sua falta. Mas isso é raro. A África subsaariana é plural, e a experiência de suas mulheres, também. No entanto, elas foram e continuam sendo confrontadas com expressões regionais de uma hegemonia masculina presente em todos os territórios habitados por seres humanos. Esse fenômeno é universal, por mais que se expresse de maneira diferente, segundo os contextos culturais, e não possa ser entendido sem que levemos em conta a condição (geo)política das pessoas envolvidas. As poucas sociedades matriarcais que existiram não influenciaram o funcionamento do mundo nem poderiam ter feito isso, se paramos para analisar sua estrutura.

> O poder das mulheres no matriarcado é de outra ordem em relação ao poder ulterior dos homens: ele é exercido em uma sociedade igualitária, que não conhece a instituição do Estado. O poder não fica centralizado nas mãos de um grupo restrito e a propriedade privada não existe [...]. Apenas os vínculos de sangue, ou os vínculos tratados da mesma maneira, regiam as relações sociais. Foi por esse viés que as mulheres conseguiram que todos reconhecessem o mérito de seu poder de procriação [...]. As mulheres pariram a humanidade, mas não vivem isoladas da natureza. Na verdade, o matriarcado, assim como a maternidade, é um estado de natureza que teve que ser transcendido para dar lugar à cultura. (Braun, 1987)

O matriarcado, muitas vezes confundido com a matrilinearidade, frequente na África subsaariana, está incluído em uma ordem que podemos caracterizar como primitiva, e foi apenas em sociedades acéfalas, isto é, sem dirigente oficial, que ele pôde surgir. A partir do momento em que um povo se deu um destino político e reivindicou a formação de uma nação, como ser transcendido dado momento na África subsaariana, não houve mais lugar para o matriarcado. E ele só é o sonho de algumas adeptas do *girl power* por desconhecermos o caráter, a maneira como o sistema é mais ancorado na maternidade do que no poder político das mulheres — qualidade que lhe é emprestada e que ele não tem. A trajetória das mulheres poderosas apresentada neste livro não vem do matriarcado. Não faz sentido se basear nas histórias delas para chegar a essa forma de organização na África subsaariana. E é possível constatar isso ainda hoje em dia: o fato de as mulheres poderem dar sua opinião sobre questões públicas, ou até as governarem, não significa que estejamos numa situação matriarcal. Nesse sistema, a mulher é associada à natureza, regida e definida por ela. Pelo menos é assim que vamos nos expressar sobre esse assunto: lendo-o através de um prisma ocidental.

Na África subsaariana, a associação das mulheres à natureza era vista como uma colaboração com a força divina, criadora de todas as coisas. Ela seria então um privilégio como nenhum outro. Se entendemos que é papel dos homens construir nações, fundar civilizações em seu aspecto material, é porque, diferentemente da mulher, que carrega nela o segredo da vida, é só ao se aventurar fora de casa que eles podem participar da obra de criação. E, se a condição das mulheres em tal ambiente parece uma prisão da qual os homens escapam, é porque nos falta discernimento. A reclusão vale para os dois. Apenas os espaços — logo, as atribuições — diferem. Todos estão circunscritos a si mesmos, a seu papel, a seu significado simbólico na ordem das coisas. Lamentar o fato de as mulheres ocuparem essencialmente o domínio privado é desvalorizar as tarefas realizadas nele, conferir um prestígio maior às atividades ditas masculinas.

Aliás, é preciso especificar que, na África subsaariana, as mulheres nunca ficaram limitadas às tarefas domésticas, porque cultivavam campos, praticavam medicina, faziam comércio e artesanato, ocupavam-se de assuntos espirituais e participavam da vida política. A humanidade inteira sempre viu mulheres se distinguirem em diversas áreas, o que revela uma exploração superficial das vivências femininas em todo o mundo. Na França do século XVII, por exemplo, quando a vida das mulheres era extremamente restrita, mesmo assim encontramos algumas que ousaram desbravar os oceanos e se deslocar para as ilhas, onde podiam enriquecer. Era preciso ter mulheres nas colônias, e elas foram incentivadas a se estabelecer nos novos territórios. Viúvas que tivessem bens e pudessem investir recursos na iniciativa colonial eram muito valorizadas. Mas também "eram recrutadas mulheres para praticar certas profissões especificamente femininas" (Roget, 1955). Essas últimas realmente existiam e, muitas vezes, tinham profissões mais artesanais. Os trabalhos domésticos eram reservados aos escravos.[7] Voltando ao matriarcado, seria absurdo querer introduzir nele a ideia de uma hierarquia. As sociedades matriarcais eram igualitárias porque a autoridade de cada sexo era reconhecida e ninguém exerce poder sobre o outro. Entretanto, como a autoridade das mulheres vinha de seu *status* de mãe — mesmo em potencial —, fica claro que a igualdade reivindicada hoje em dia não existia. O matriarcado era antifeminista, mas também não determinava que as mulheres eram todo-poderosas. Mais sutil que isso, sobretudo se nos interessarmos por sua dimensão metafísica, ele não tinha nada a ver com a ginocracia que algumas mulheres imaginam.

Desde tempos imemoriais, a África subsaariana, assim como as outras regiões do mundo, teve nações no sentido político do termo — ou seja, formações muitas vezes construídas por meio da conquista de territórios e povos. Ela viveu o surgimento de Estados, alguns muito centralizados, muito antes das invasões europeias. Na maioria avassaladora das vezes, as sociedades subsaarianas eram regidas pela lei masculina, já que a dimensão pública da vida social é jurisdição dela. Quando as

---

7 NE: Nesta edição, optou-se por usar o termo "escravos", respeitando a escolha da autora no original e o peso que essa palavra carrega para o contexto da obra.

mulheres avançam nessa esfera, elas trabalham pelo masculino, o que não é problema: essa força reside também nelas, e é normal que a empreguem e sejam o objeto dela, da mesma forma que os homens usam e são alvos de nossa irreverência. As sociedades subsaarianas sempre tiveram mulheres em posições de poder. Inclusive muitas rainhas mães. Essa denominação era usada muitas vezes para mulheres maduras, não para as que haviam sido mães de reis. A menopausa conferia, em muitas sociedades, um *status* diferente do que as mulheres haviam tido. Quem entrava nesse período de sua vida podia tomar livremente a palavra, fosse ela parte do governo ou não. Sabemos que existiram muitas guerreiras e mulheres que consagraram a vida à política, mesmo quando supostamente não podiam ter acesso a ela.

Um bom exemplo disso é Mkabayi kaJama, princesa zulu que participou do governo do reino nos séculos XVIII e XIX. Nascida perto de 1750, filha do rei Jama kaNdaba, ela foi a irmã mais velha de Senzangakhona kaJama — que se tornaria o pai de Shaka, conquistador zulu que fez todo o mundo conhecer o que era antes apenas uma pequena tribo banto do sul da África. A série de TV *Shaka Zulu* (1986), que fez um sucesso retumbante na África subsaariana nos anos 1980 antes de se tornar *cult* no restante do mundo, mostra Mkabayi como integrante do conselho do rei Jama e, depois, do reino de seu irmão, já que era adulta na época da morte de seu pai. O seriado não indica que foi Mkabayi que cortejou, no lugar do rei, a mulher que lhe daria o filho tão esperado. Jama só tivera filhas no primeiro casamento — e ainda por cima gêmeas, que o costume mandava matar. Mkabayi e sua irmã Mmama eram crianças tidas como monstruosas, mas o monarca não teve a coragem de mandar matá-las. Quando o rei morreu, Senzangakhona, o príncipe nascido graças à escolha inteligente de Mkabayi, era jovem demais para reinar. Por isso, a princesa se impôs como regente por vários anos, o que contrariava os costumes. O povo, que começara a apreciá-la por ter permitido o nascimento de um filho homem no *kraal* real, passou a desdenhar dela assim que ela subiu ao trono. No entanto, ela se manteve no poder. Hoje, Mkabayi encarna uma forma de transgressão que é a revolta necessária dos intocáveis: ela não devia nem ter sobrevivido nem governado. Mas se manteve no conselho real quando seu irmão foi coroado. Infelizmente, o homem fútil foi um péssimo governante.

Senzangakhona morreu antes de Mkabayi. Quando Shaka tomou o poder e instalou seus apoiadores no governo, ele a manteve por perto, mas, na verdade, não escutava ninguém. Diante da loucura assassina de seu sobrinho, ela decidiu fazer parte do grupo de conspiradores que o mataria. Mkabayi nunca se casou nem teve filhos — apenas dedicou a vida à proteção do reinado e da família real. Sua influência também foi militar, pois ela comandava a própria unidade, um corpo exclusivamente feminino, algo que a série que a representou — através de Gugu Nxumalo, inesquecível atriz sul-africana que interpretou uma personagem que adoramos odiar, por admirar sua inteligência e sua presença — também não revelou. Hoje, o assassinato de Shaka lhe é imputado, mas sua decisão pode ser entendida se lembrarmos que seu objetivo era preservar a família real. Era o que ela já havia feito no reinado de Senzangakhona e, ao contrário de outras pessoas, ela colocou grandes esperanças no reino de Shaka apenas para vê-lo mergulhar numa paranoia comum aos déspotas. Mkabayi ainda era uma mulher respeitada quando morreu em 1843, aos 93 anos. Podemos pensar que ela não teve marido nem filhos por causa do tabu vinculado às gêmeas. No entanto, ela viveu, deu um sentido à sua vida e marcou a história dos zulus.

As subsaarianas, cujas vitalidade e autoridade são conhecidas, não viram motivo para se revoltar abertamente contra a ordem masculina na época anterior à colonização, porque souberam tomar o poder quando ele lhe era recusado. Além disso, na maioria das vezes, o tipo de dominação exercida sobre elas não lhes privava necessariamente de todos os recursos, dava a elas verdadeiros espaços de autonomia, e até de soberania, e permitia que suas qualidades se impusessem diante de costumes excludentes. Esse foi o caso da rainha Labotsibeni da Suazilândia, que, segundo os costumes de seu povo, não devia ter chegado ao trono, mas foi escolhida para governar por causa de sua inteligência e de seus vários talentos. Nascida em 1858, Labotsibeni foi coroada em 1890 e reinou até 1921. Ela ganhou o apelido de *Gwamile*, "a indomável", e se envolveu sobretudo com as atividades do South African Native National Congress [Congresso Nacional Nativo Sul-africano, Sannc]. Junto a alguns colegas, ela fundou e financiou o *Abantu-Batho*, o jornal do movimento, que se tornou famoso por causa de Nelson Mandela e seus companheiros de luta. Várias sociedades patriarcais souberam reconhecer as mulheres de valor e aceitar a autoridade delas. Por isso, as subsaarianas há muito tempo opõem a noção complexa de complementaridade à reivindicação de igualdade. Ela é complexa porque, nos muitos ambientes ferozmente falocratas do continente, mulheres e homens não são complementares uns aos outros. Por mais desagradável que seja admitir isso, nesses sistemas que perderam o equilíbrio original, a mulher é complementar ao homem. Ela é um dos atributos de seu poder, um apêndice de sua pessoa.

No entanto, foi nessas sociedades ainda em fase de aperfeiçoamento que as mulheres de destino excepcional que evocaremos aqui nasceram — concretamente ou em meio a lendas. Não é por acaso que surgem mitos que ganham importância e definem povos. O lugar concedido à figura feminina ou ao princípio feminino em muitos mitos e lendas da região justifica o fato de as subsaarianas se autorizarem a analisar sua experiência com toda a autonomia. Isso as leva, em todo caso, a questionar a influência de ideias que emanam de espaços que perderam muito cedo a lembrança da força feminina, do rosto feminino do divino, e que oprimiram as mulheres de forma violenta. Todos sabem que as subsaarianas de antigamente não eram obrigadas a se cobrir da cabeça aos pés para levar com elas, aonde quer que fossem, as paredes do claustro doméstico. Não foi na África subsaariana que foram realizados infanticídios de bebês do sexo feminino — que hoje põem em perigo o equilíbrio sexual da sociedade e seu futuro demográfico. Não foi na África subsaariana que as mulheres, para não serem reduzidas a um destino servil, tiveram que renunciar à feminilidade, como as virgens sob juramento. Não foi na África subsaariana que as mulheres que se comunicavam com a natureza foram perseguidas, antes de serem queimadas em fogueiras.

Nas sociedades subsaarianas pré-coloniais, as curandeiras pertenciam à elite social e as mulheres atuavam como sacerdotisas de muitos cultos subsaarianos — o que acontece até hoje, apesar de isso ter se perdido em outros lugares e existir apenas de forma marginal. Provavelmente, é essa herança antiga que as subsaarianas estão recuperando ao ocupar a função de pastoras das igrejas evangélicas que vêm invadindo o continente. Elas procuram um modo de expressão novo para a voz que grita do fundo de suas tripas: a da profeta, da pregadora, da cópia humana da deusa primordial. Os dualas de Camarões conheciam essa divindade pelo nome de "Inyi". Segundo as *maso̱mandalas*, parte iniciática da tradição oral desse povo da costa ocidental da África Central, Inyi, representação feminina de Nyambe, o Ser Supremo, foi a forma escolhida[8] pelo divino para se revelar. Surgida das águas, ela decidiu criar um ser à sua semelhança. Assim, um Deus de traços femininos aparece para criar a mulher. Ela, primeiro.

Ekwa Mwato, mulher original e primeira criatura humana, é a encarnação dos princípios femininos. Seu nome, pronunciado apenas em rituais, significa "aljava de mulher" (Moumé-Etia; Mbambe, 1992), o que destaca seu potencial guerreiro. Ela é também a cuia divina que guarda os segredos da vida. Com ela, nasce a linhagem das responsáveis pela proteção da Criação. Para os antigos habitantes da costa de Camarões, esse era o papel das mulheres. Aliás, considerada de forma isolada, a palavra *ekwa* não designa apenas uma aljava, mas também uma bolsa que guarda objetos sagrados. Já o termo *mwato*, que significa "mulher", distingue, nas iniciações, pessoas que alcançaram o sexto grau de elevação.[9] Para representar a mulher original e sua missão protetora, Ekwa Mwato é o nome dado, em certas cerimônias, à mulher responsável por guardar as trouxas de pertences dos iniciados. Ela é a égide das forças contidas nessas bolsas, consignatária dos mistérios. A

---

8  Existem várias outras: Ina, Ko̱nsi e Naselele, por exemplo. O masculino empregado em português para designar Deus não deve induzir ao erro. A divindade criadora do universo é andrógina, o que, inclusive, não é original e parece bastante razoável.

9  Não conseguimos mais informações sobre isso, apenas sabemos que é um dos maiores graus.

cosmogonia dos habitantes da costa de Camarões, grupo étnico hoje tragicamente evangelizado, é repleta de figuras femininas. Entre elas, vemos, por exemplo, Edibi Njolo, mãe dos bons espíritos da água e sentinela do lar divino, e Eyato,[10] deusa da sexualidade vista como um ato sagrado, que dá à luz a espécie humana — e gesta, antes de tudo, nossa consciência.

Como vemos nos habitantes da costa de Camarões, o panteão Fondo Benim, assim como outros do espaço subsaariano, apresenta várias divindades femininas primordiais, sem as quais o mundo ou a humanidade não existiriam. A principal, evidentemente, é Mawu, filha de Nana Buluku,[11] que se associou a Lisa, seu *alter ego* masculino, para realizar sua obra criadora. Mawu aparece antes de Lisa, uma vez que o princípio feminino sempre precede o masculino. Vemos isso em outro lugar, nos gregos antigos por exemplo, cuja teogonia apresenta Gaia, a Terra, que dá à luz uma parte da natureza antes de gerar Urano, o Céu, com o qual se une depois. Após a criação de Urano, Gaia continua sendo uma divindade primordial porque é impossível lhe tirar suas realizações, mas passa a aparecer como deusa um pouco inerte, que recorre muitas vezes às forças masculinas para finalizar seus projetos. Primeira filha do Caos,[12] que precede a origem do mundo, Gaia tem uma irmã, Nix, a Noite, também capaz de gerar sozinha. Na teogonia de Hesíodo, apenas as divindades primordiais femininas são dotadas dessa faculdade.

Ao contrário do que vemos entre os gregos atuais, que não cultuam mais suas divindades pagãs, Mawu e Lisa ainda são potências ativas na região fon. Juntos, eles são Deus; percebidos e venerados como tais, no contexto de uma espiritualidade viva. Para os dualas, como vimos, Inyi foi o primeiro rosto do divino a ser revelado. A deusa é originalmente

---

10   O príncipe Dika Akwa nya Bonambela a apresenta como uma figura da deusa egípcia Hathor.

11   Ser supremo, feminino e masculino, que cria a estrutura do universo e depois encarrega Mawu-Lisa de continuar sua obra.

12   Divindade não criada, apresentada como masculina, de onde surgem Gaia (a Terra), Nix (a Noite) e Érebo (as Trevas). Gaia se une a Urano, criação sua. Nix tem alguns filhos com Érebo, "seu irmão".

única. Ela gerou B<u>ele</u>, o princípio masculino que se torna seu companheiro. Os demiurgos constituem casais monógamos, o que é muito interessante, já que os humanos devem, em princípio, conformar-se ao modelo divino — o que está embaixo deve reproduzir o que está em cima. Quando voltamos ao Egito Antigo — tão caro aos nacionalistas culturais de hoje — e ao mito de Ísis e Osíris, a figura de Néftis aparece como a amante que dá à luz Anúbis, filho considerado bastardo. Néftis não é a segunda esposa de Osíris. Ele tem apenas uma. Sabemos que as sociedades subsaarianas muitas vezes deixaram de se conformar com essa regra. No entanto, convém notar que as coisas não são sempre tão claras quanto parecem. Na verdade, entre os antigos habitantes da costa de Camarões, por exemplo, existem 24 modalidades de casamento, e a união monogâmica é uma delas.

As espiritualidades subsaarianas são apaixonantes, mas elas não são nosso real objeto de estudo. Seja como for, o que podemos destacar é que, desde sempre, não se narra a África subsaariana sem mencionar as mulheres e o princípio feminino. Foi a influência colonial — do Oriente e do Ocidente — que diminuiu sua importância, porque veio impor um mundo monopolizado por um masculino desequilibrado. Quando as subsaarianas atuais tiverem que resolver os problemas das sociedades desestruturadas pelo colonialismo ou de supostas tradições que lhes brutalizam, é bom que se lembrem do verdadeiro ponto de partida delas no mundo, que corrijam as falhas do presente a partir desse lugar: o delas. A história desconhecida das subsaarianas merece mais consideração. É papel delas valorizá-la sem tentar dissimular seus problemas. A África, que deu à luz a humanidade e suas primeiras realizações, foi logicamente o lugar onde aconteceram as primeiras tragédias. As mulheres não podem ter deixado de participar disso. E suas histórias são iguais às atribulações da condição humana.

# MULHERES
# DE PODER

Visitar a história pré-colonial da África subsaariana e descobrir figuras exuberantes, mas desconhecidas, é uma aventura surpreendente. Especialmente para alguém que teria uma imagem miserabilista das mulheres do continente. Como sabemos pouco sobre as governantes subsaarianas, será por meio de algumas delas que começaremos essas explorações. Como eram pessoas em posições de poder, o nome dessas mulheres ficou registrado, mesmo quando os detalhes da história se perderam. E essa história, da qual restam, às vezes, impressões muito antigas, não escritas, sujeitas a muitas interpretações, não é devidamente difundida, nem na África. Daí a necessidade de garantir que ela seja transmitida. Mas precisamos alertar o leitor mais uma vez sobre a maneira bastante singular que podemos ter de nos reapropriar desses rostos de outrora, de torná-los símbolos e emblemas de causas justas. Algumas dessas mulheres se tornaram figuras da luta das mulheres pela emancipação, a prova histórica da existência de um protofeminismo na África ancestral. No entanto, o que sabemos sobre elas raramente permite considerá-las assim. Longe disso. Elas foram mulheres excepcionais, o que já é suficiente. Por vezes, foram dominadoras, e não apenas por causa de seu título. Vamos nos dedicar muito a elas, não para reduzir a presença histórica das mulheres subsaarianas a essas figuras, mas pelo que elas representam das potencialidades femininas, tanto para o bem quanto para o mal. Não se trata aqui de causar pena, e sim mostrar atrizes da História, mulheres que não se consideravam representantes do sexo fraco e tinham, às vezes, vontade de provar isso pela maneira como exerciam o poder.

Temos uma visão apenas vertical do poder, que emana de uma força masculina mal controlada. Até na palavra e no olhar das mulheres. É por isso que as mulheres em posições de poder, sobretudo as guerreiras, as que provaram que eram tão capazes quanto os homens, são postas em um pedestal. É um pouco como se a competência marcial de algumas legitimasse as reivindicações igualitárias de todas. Como se o homem fosse, no fundo, a medida de todas as coisas. Como se o fato de se libertar do papel social das mulheres comuns fosse, em si, um objetivo e prometesse uma contribuição mais significativa para a sociedade.

Como se não fosse óbvio que o corpo concebido para carregar e trazer ao mundo as crianças pudesse enfrentar a adversidade, pegando em armas se necessário. As leoas não caçam desde o início dos tempos? Isso as subsaarianas sabem e sempre souberam. Mas, se a maternidade é tão reverenciada em nossos países, não é para limitar as mulheres a esse papel: as subsaarianas sempre foram muito ativas. A maternidade, no plano espiritual, é considerada testemunha de uma cumplicidade com a divindade criadora. A vida surge por causa da união entre os dois sexos, mas foi a mulher eleita para abrigar o mistério. É em seu útero que ela ganha forma, é na carne das mulheres que Deus molda suas criaturas. O ventre das mulheres é a forja divina. A importância do título de mãe nos círculos iniciáticos femininos encontra na sacralidade dele sua origem. A pequenez dos humanos faz da maternidade um fardo — o que é uma aberração na África tradicional, em que toda a comunidade cuida das crianças — ou um motivo de subjugação, porque é preciso diminuir as mulheres para se apropriar de seu poder.

É no meio intelectual, ocidentalizado — mesmo e sobretudo nos ambientes nacionalistas culturais —, que sentimos a necessidade de fazer uma lista dos reis e rainhas do passado. Isso não seria problema se o objetivo fosse conhecer sua história, fazer com que a juventude se baseasse numa memória honrada, na consciência de sua grandeza. Mas o que constatamos, infelizmente, é que a necessidade é de outra ordem. A ideia, claro, é exumar histórias mais ou menos enterradas, mas sobretudo para se comparar ao Ocidente. Para ensinar a ele, por um lado, que também tivemos uma aristocracia e, por outro, que descendemos de uma linhagem de feministas de vanguarda. Além de podermos questionar seriamente o tipo de grandeza herdada de agentes patenteados da dominação, de escravagistas efervescentes, é incompreensível que as subsaarianas precisem rotular de feministas personagens que viveram muito antes da invenção dessa palavra e longe do território em que ela surgiu. A noção não é problemática apenas por causa de sua estrangeiridade, já que a mistura cultural constituiu a África subsaariana de nosso tempo. E também não é apenas o anacronismo que nos incomoda, mesmo que a primeira dificuldade em relação ao sentido resida nele.

O lamentável, contra o qual devemos alertar, é a submissão epistemológica voluntária, a autocolonização. Na verdade, recorrer ao feminismo para caracterizar tudo o que diz respeito às vivências femininas em todo o mundo demonstra uma incapacidade de nomear a própria realidade, elaborar conceitos para si mesmo e valorizá-los no diálogo com outras mulheres. Então, o que podemos oferecer às mulheres cujas antepassadas sentiram a necessidade de criar o feminismo, senão a confissão do silêncio de suas próprias ancestrais em relação ao destino delas ou à compreensão errada de suas palavras? Também não podemos ver, nessa atitude, uma preguiça diante da tarefa de se inventar, disfarçada de assimilação de um modelo dominante que podemos aceitar apenas se o subvertermos? Vêm daí os muitos epítetos e prefixos que incluímos na palavra "feminismo", que fazem com que não saibamos mais, no fim das contas, o que ela significa.

Os feminismos hoje são muitos. Às vezes, eles se enfrentam, pois alguns foram criados para resistir ou até se opor à sua primeira versão, da qual conservaram o nome, acrescentando apenas um qualificativo. As vertentes hoje são tantas que não entendemos muito bem como essa profusão beneficia a ideia — pelo contrário, ela parece desqualificá-la. Em muitos casos, a palavra "feminismo" não remete mais a uma demanda de igualdade de direitos entre mulheres e homens, nem ao desejo das mulheres de decidirem conceber filhos ou não, de viver livremente sua sexualidade. Existe um feminismo dito de direita, que aceita a divisão clássica das tarefas se isso convier às mulheres, e fala mais de liberdade (de escolha) que de uma igualdade como dogma.

Existe, desde a época que seguiu as independências na África subsaariana, um feminismo dito africano. Nascido nas sociedades desestruturadas pela colonização — evangelizadas quando já não haviam sido islamizadas, em que os papéis dos dois sexos não respeitavam mais o equilíbrio antigo —, o feminismo dito africano exige o reconhecimento da contribuição e do lugar das mulheres na sociedade sem recorrer à noção de igualdade. A voz das mulheres, longe de ser sufocada em toda a África ancestral, inclusive nas sociedades patriarcais, foi sistematicamente relegada ao segundo plano no universo colonial. O novo mundo pós e neocolonial proibiu as mulheres de terem uma atividade ou se deslocarem sem a autorização do pai ou do marido. Esses senhores têm, às vezes, o direito, absolutamente legal, de bater em suas esposas, que costumam depender deles financeiramente. Em alguns países, apenas o homem determina a residência do casal, e a mulher, caso deseje deixar seu domicílio, só pode fazer isso com a autorização de um juiz. A educação feminina, que existia antigamente, não foi substituída pela obrigação de continuar os estudos para garantir às meninas um lugar importante na nova sociedade. Apenas famílias esclarecidas permitiram isso. E, apesar de o direito matrimonial admitir muitas vezes a poligamia praticada antigamente, algumas liberdades de que as mulheres gozavam nesse contexto hoje são vistas como crimes.

Tomemos o exemplo da sociedade bassa, em Camarões, na qual a mulher casada podia ter um amante, que era conhecido por seu marido. O amante, cujo papel era apenas paparicar a mulher e lhe dar prazer, não era rival do esposo. Ele cobria sua amada de presentes, trazia para ela as presas que caçava, construía um lugar afastado para abrigar seus amores, por respeito ao marido. O amante não tinha nenhuma autoridade sobre a mulher e não podia brutalizá-la em nenhum caso. Werewere Liking, que conhece bem esse povo do qual ela faz parte e de quem recebeu os ensinamentos tradicionais, destaca:

> As crianças nascidas desses amores pertenciam, de qualquer forma, ao lar e ao marido. Um amante não podia ser pai. Tinha apenas direito e dever de dar amor e prazer. A paternidade era de única responsabilidade do esposo, do chefe de família para a sociedade. Claro, nas tradições matriarcais,[13] esse papel era do irmão da mãe e nenhum amante podia almejar o que era recusado até ao esposo oficial, já que se considerava que apenas o sangue da mãe podia ser garantido. (Liking, 2013)

---

13  Na verdade, seria na tradição matrilinear, sistema no qual a mulher transmite o nome (a identidade), os bens e, às vezes, o poder, mas não o exerce. O chefe de família é um homem de sua linhagem. A autoridade paterna sobre os filhos é exercida por seu irmão. Uma mulher pode ter atribuições importantes em uma sociedade matrilinear e, como nos outros ambientes (subsaarianos), as circunstâncias podem levá-la a reinar. Mas isso não é a regra; longe disso.

O que está descrito aqui não pode ser concebido na sociedade cristã neocolonial, ainda menos num ambiente islamizado. Para a nova legislação, emprestada da Europa, isso é adultério. Aos olhos da lei islâmica também. E o que dizer sobre a poliandria aceita por diversas sociedades subsaarianas? Ferdinand Ezémbé lembra alguns desses casos, citando especialmente os bashileles do Congo, povo no qual uma jovem podia ser escolhida ou se oferecer para ser mulher de até 15 garotos, com quem se deitava alternadamente. Era assim até que, depois de certo tempo, a mulher decidia a quem seria fiel. Esses homens então passavam a ser os maridos permanentes dela. Para os bashileles, a ideia era garantir que os jovens não fossem privados de uma vida sexual num ambiente onde as mulheres eram provavelmente poucas. Para a jovem mulher, essa prática tinha ao menos a vantagem de lhe dar a possibilidade de descobrir, testar, escolher, evitar uma rotina sexual, já que ela mantinha vários parceiros. As crianças que nasciam de sua união com aqueles homens pertenciam à família dela numa sociedade matrilinear (Ezembe, 2009). Poderíamos citar outros casos desse tipo para mostrar que, em certas regiões do continente, as mulheres não eram incitadas a manter a virgindade nem limitadas a um único parceiro sexual. Os homens subsaarianos cederam à tentação de exercer poder sobre as mulheres, oferecida por sistemas opressivos dos quais eles, muitas vezes, ainda não conseguiram se libertar.

Nesse sentido, a situação delas difere da dos homens afrodescendentes, que nunca tiveram qualquer ilusão sobre o poder que a sociedade lhes confere. Os subsaarianos foram totalmente destituídos, desvirilizados, para não serem iguais a seus opressores, mas mantiveram um osso que podiam roer. Tudo, ou quase, havia sido retirado deles, mas eles dispunham de mulheres à vontade e criaram, para isso, novas ferramentas de opressão. A sociedade neocolonial quase obrigava as mulheres a se rebelarem contra a iniquidade da ordem em vigor. Entre as que haviam estudado, muitas se proclamaram feministas. Mas, como veremos adiante, o pensamento feminista esteve ausente na maior parte das lutas políticas das colonizadas, sobretudo quando elas pertenciam às classes populares. Quanto às feministas subsaarianas, sua situação não é fácil. Desde o início, elas entraram em conflito com as ocidentais, fustigando a arrogância, a vontade delas de impor métodos pouco adaptados a um ambiente cultural particular, que não correspondem às urgências do momento. Sobre esse assunto, Fatou Sow, uma das pioneiras do movimento na África subsaariana francófona, afirma:

> [...] Havia dois posicionamentos nessa reivindicação africana. O primeiro exigia o *direito à palavra*. O discurso sobre "o outro e o resto do mundo", ou seja, sobre as africanas como objetos da etnologia e da antropologia, era completamente monopolizado pelas feministas ocidentais e, por isso, as africanas haviam contestado vigorosamente essa posição, vista como "dominante". Essa reação ao feminismo anglo-saxão, dominante, imperialista, foi igual entre as feministas asiáticas e latino-americanas. A segunda reivindicava uma tomada de consciência sobre a diferença de necessidades e prioridades. As africanas não paravam de dizer que viviam em contextos diferentes e que seus objetivos não eram necessariamente os mesmos. (Sow, 2008)

Nessa entrevista, Fatou Sow acrescenta que a transformação, desigual, da divisão internacional do trabalho importava mais para as subsaarianas do que a luta contra o patriarcado. É claro que as mulheres do mundo inteiro são vítimas dos mesmos males, como as violências conjugais, as agressões sexuais, a discriminação nas empresas e o sexismo cotidiano. No entanto, as diferenças, às vezes, são tamanhas, inclusive no que diz respeito à resolução desses conflitos, que nos perguntamos por que elas adotaram o termo "feminismo". Reivindicar a palavra que tínhamos antigamente, que ganhamos ao participar das lutas pela independência, também no plano militar, não significa reivindicar a igualdade no estilo ocidental. É por isso, aliás, que, apesar de terem se engajado a lutar pela melhoria da condição das mulheres na sociedade neocolonial, muitas subsaarianas se recusam a se declarar feministas. Nós as entendemos, pois a atitude das ocidentais em relação a elas demonstra que o feminismo, concebido por elas, não foi feito para se adaptar às diversas sociedades, e sim para pegar ou largar.

Apresentado por elas, o feminismo não é mais apenas uma abordagem que tem por objetivo acabar com as desigualdades onipresentes entre mulheres e homens, sobretudo na esfera íntima e familiar no que diz respeito às subsaarianas. Também é a adoção de um modo de pensar, de uma visão do mundo.

Isso as subsaarianas recusam, às vezes de forma intuitiva, simplesmente para conservar sua especificidade. Elas querem descartar o que consideram uma forma suplementar de dominação. Tal fato foi observado até em movimentos políticos que contêm um programa feminista ou usam essa ideologia para convocar mulheres. Na Eritreia, durante a longa guerra de independência (1971-1991) que opôs o país à vizinha Etiópia, as mulheres formavam 40% dos batalhões da Frente Popular de Libertação da Eritreia (FPLE), que também era uma organização militar. Quando questionadas sobre suas motivações para aderirem à luta armada, elas evocavam o ódio à opressão etíope e a vontade de defender sua identidade, o pertencimento a uma comunidade. Segundo Fabienne Le Houérou, cuja pesquisa forneceu as informações apresentadas aqui, após a aversão à ocupação militar etíope, principal motivo usado pelas combatentes para explicar seu engajamento, as razões mais mencionadas eram relacionadas com a vida privada — especialmente rupturas familiares, casamentos forçados e divórcios, dos quais essas atuantes da luta eritreia não tinham uma leitura feminista. No entanto, isso era possível e, de certo ponto de vista, bastante coerente.

Se a FPLE, na qual elas haviam se inscrito, defendia a ideologia feminista, apenas um pequeno número dessas mulheres mencionava esse motivo (Le Houerou, 2000). Mais tarde, foi em nome de sua participação concreta na guerra que essas mulheres reivindicaram o direito de ocupar lugares importantes na vida política do país. A igualdade em relação aos homens não foi um princípio, mas o resultado da ação no *front*, da proximidade com a morte, do sangue derramado. Nesse caso específico, as transformações sociais aconteceram porque, para concretizar o projeto de libertação, as mulheres aceitaram arriscar a vida. Essa atitude, que exaltava os méritos das combatentes, era quase antifeminista, porque fazia da igualdade não um pré-requisito, mas um direito ancorado no trabalho realizado. O simples fato de existir não a justificava. Aliás, as mulheres eritreias, que formavam 40%[14] das *freedom fighters* durante a guerra de independência, não são símbolos em seu país. As feministas subsaarianas de nossa época, dispostas a exumar mesmo os cadáveres mais ressecados para criar uma linhagem de ancestrais protofeministas, não têm nada a dizer sobre a coragem dessas mulheres e não as mencionam nunca. O universalismo sempre proclamado também não as conhece, pois sua língua não previu essa experiência particular e ignora os sotaques dessa outra língua na qual as mulheres conhecem suas potencialidades.

Para dizer a verdade, faz sentido que as mulheres que deram origem ao feminismo queiram dispensar os preceitos dele às outras. Quem construiu uma casa tem o direito à chave dela; isso é legítimo. Se o feminismo deve ser visto como doutrina política, então ele veicula grandes princípios que não poderiam ser alterados em função da geografia. O erro não está em se posicionar contra as injustiças, mas em querer transformar a doutrina para aclimatá-la ao nosso contexto, em não combater seguindo os próprios termos, literalmente. Sem dúvida, não seria fácil voltar a criar uma linguagem própria depois que a colonização havia imposto línguas estrangeiras, especialmente porque essas últimas, por veicularem, como as outras, uma visão de mundo precisa, passaram a estruturar os raciocínios, sobretudo no meio acadêmico. Mas o que era árduo há 50 anos hoje pode ser realizado se decidirmos implementá-lo. A hegemonia do Ocidente no plano epistemológico divulga as ideias que emanam dele, deixando-as mais perceptíveis que as outras, mas continua não conseguindo lhe conferir um caráter universal.

São, no fim das contas, a insatisfação e a frustração criadas por essa situação que levam, ainda hoje, à rejeição do conceito no sul do Saara e — algo muito mais grave — à validação culturalista de práticas nefastas. Queremos nos diferenciar das ocidentais, não porque não

---

14  Ao contrário das eritreias, as mulheres engajadas nas Forças Francesas Livres ficaram restritas a missões de assistência médica, aos transportes ou às transmissões (comunicação). Hoje, se reunirmos todas as categorias, elas representam 15% do efetivo militar do país.

temos realmente nada para compartilhar com elas, mas porque elas não escutam e desprezam as especificidades. Sabemos que as oprimidas reivindicam com determinação os aspectos de sua cultura criticados pelos opressores, mesmo correndo o risco de ver teorias se formarem a partir de patologias identitárias. Tudo teria acontecido de outra maneira se, desde o início, as mulheres do mundo tivessem em comum apenas os sofrimentos impostos pela falocracia. Só isso, e não a condição política gerada pela História tanto para umas quanto para outras. Todas se postam umas diante das outras, mas, atrás delas, ainda estão seus homens e seus ancestrais, o que aconteceu entre eles. Todas se apresentam às outras a partir de seu continente, com o lugar que ele ocupa por causa da maneira como a História aconteceu. Assim, não são mais as mulheres que se encaram. Se esse fosse o caso, elas se reconheceriam facilmente, veriam seus adversários comuns e determinariam juntas a maneira de vencê-los. A vitória seria conquistada se fosse possível que todas as mulheres do mundo se dessem as mãos, se a associação pudesse não ser a da cavaleira e da égua, se o suposto universalismo de algumas não fosse mais uma forma de dominação.

Como podemos nos postar contra um sistema e afirmar querer sua destruição se apenas etnicizamos o nome de uma noção que visa permitir não que as mulheres derrubem completamente esse sistema, mas apenas ocupem os mesmos lugares que os homens? Esse foi o problema que, no fim das contas, as feministas do continente encontraram. E foi essa dificuldade que Clenora Hudson-Weems quis resolver ao propor o *Africana Womanism*. Para ela:

> O feminismo, um termo concebido e adotado pelas mulheres brancas, remete a uma agenda criada para satisfazer as necessidades e exigências desse grupo específico [...]. A questão é que ainda é difícil deixar toda a história das mulheres sob tutela da história das mulheres brancas, conferindo-lhes, desse modo, a primazia. Na verdade, isso demonstra a expressão mais perfeita de uma arrogância racista e dominadora, que sugere que a autenticidade da ação feminina pertence às brancas. (Hudson-Weems, 2004, p. 21)

Clenora Hudson-Weems se expressa a partir de seu posicionamento histórico e social, o de uma mulher afrodescendente dos Estados Unidos, um país onde, como ela bem lembra na obra citada aqui, a história do feminismo se confundiu com a do racismo. Segundo a acadêmica, é também um país onde todas as mulheres negras que adotaram o conceito só decidiram fazer isso por causa de sua marginalização na sociedade e especialmente nas instituições universitárias, onde o recurso a essa noção dava a elas certa legitimidade (Hudson-Weems, 2004, p. 20). O projeto do *Africana Womanism* concebido por ela não é uma alternativa ao feminismo. É uma teoria muito diferente, que ancora as mulheres afrodescendentes primeiro numa linhagem, numa identidade, numa trajetória histórica e na defesa da família, e depois na comunidade afro--americana, que é sua extensão. A *africana womanist*, que enfrenta a mesma opressão que seu companheiro, não se opõe a ele. Logo, é uma teoria feita para manter a coesão de um grupo dominado e para indicar às mulheres seu lugar e as aptidões que podem aplicar no combate.

Considerando o lugar de onde Clenora Hudson-Weems fala e o que ela quer defender, a questão aqui não é lutar pelo poder como exercício de dominação. Se o movimento busca alguma forma de poder, é mais o da autodeterminação, como vemos nos princípios propostos pela teórica do *Africana Womanism*. Essa teoria é uma prática da sobrevivência em um território hostil do qual não podemos escapar: agora ele é a terra dos ancestrais, o lugar de ancoragem identitária. No fundo, o *Africana Womanism* se assemelha às pesquisas de muitas subsaarianas: é uma ferramenta para que possam habitar seu ser feminino em todas as dimensões, a possibilidade de se realizarem como as pessoas desejam na época atual, uma espiritualidade ativa, um companheirismo com o homem que continua sendo o parceiro privilegiado com quem construímos um lar, uma sociedade e até uma nação. É uma maneira de ser moderno e conservar um enraizamento na tradição, um estilo de vida que permite às mulheres continuarem sendo as protetoras que são, segundo uma concepção antes partilhada por muitos povos do Sul do Saara. Ser mulher aqui é representar Hathor, a sedutora, a maternal. É ser também Sekhmet, o outro rosto da deusa, o da guerreira impiedosa. Mas, no papel de Sekhmet, a divindade, cujo nome significa "a forte", continua sedo uma curandeira. Nela, seja qual for a força, o feminino domina.

O feminismo bate com frequência de frente com o feminino, que ele parece desprezar. Ele é, antes de tudo, a busca pela igualdade entre mulheres e homens no contexto que viu essa doutrina nascer: um cenário imperialista e capitalista. Antes de criar as mil leis que conhecemos hoje e que exibem todas as cores do espectro político, antes de se sucederem as diversas ondas do movimento — e a próxima não vai demorar a surgir —, o feminismo quer permitir que as mulheres sejam também dominantes satisfeitas em sociedades predatórias. Claro, elas querem o direito ao voto, ao emprego, a estudar em todas as áreas, a não engravidar para fazer carreira etc. Mas seu objetivo maior é o direito de obter ferramentas para entrar na competição capitalista, tolher seu vizinho, submeter, explorar, pilhar. Podemos fazer isso tudo de um escritório: basta podermos criar um cerco a partir dele, entrar no conselho administrativo de multinacionais que transformam países longínquos em reservatórios de fontes de recursos, grandes mercados, depósitos.

As mulheres que concebem o feminismo não veem por que todos esses jogos mentais lhe seriam proibidos. O que elas exigem, sobretudo, não é o fim da ocidentalidade (Miano, 2020), da qual são o tesouro: os bens roubados dos mundos conquistados foram postos a seus pés; os povos desses espaços ficaram a serviço de seu conforto, sua vaidade e suas fantasias. Elas foram erigidas como modelo de feminilidade. As mulheres que inventaram o feminismo querem participar da obra civilizadora, ser mencionadas nos anais da grandeza, pois a parte essencial do que é elaborado e se concretiza em uma sociedade que não abdicou da dominação compete com a perenidade dela. Até hoje, a maioria das ocidentais engajadas na política, que têm participação ativa na manutenção do imperialismo, do capitalismo e do racismo decorrente deles, se diz feminista sem questionar os fundamentos desse sistema. Quando ele é combatido, a luta pode ser guiada pelos homens, e as mulheres que aderem a esse contraprojeto fazem isso, sobretudo, como indivíduos. E, mesmo que não sejam políticas ou dirigentes de multinacionais, as ocidentais comuns sabem, como os homens cujo modelo querem seguir, percorrer os países do Sul global para se entregar alegremente ao turismo sexual. O capital simbólico e material de que elas dispõem por causa da História lhes permite confirmar assim que o modelo de homem que querem seguir é o do homem que pertence ao ambiente que as cerca. Os miseráveis que elas compram são outros, filhos, irmãos e muitas vezes maridos de mulheres que não são nem podem ser, de forma alguma, vistas como irmãs.

Elas nem pensam nisso. Nas mulheres à sombra dos homens que elas vêm consumir. As mulheres que muitos vão brutalizar para ter a sensação de não terem sido desvalorizados naquela empreitada mercantil, as mulheres para quem eles não terão outra escolha além de dar as costas. Que os desprezarão, que eles perderão. Nesse caso específico, a sororidade entre mulheres do mundo não é defendida. Isso só acontece quando algumas delas chamam a atenção para a escravidão, a colonização, a dissimetria das relações entre regiões do mundo e o modo como isso as afeta. Não seria defender a sororidade abordada em *They Were Her Property*, livro em que Stephanie E. Jones-Rogers consagra à escravidão colonial feita por mulheres. Na obra, a acadêmica mostra que as americanas de ascendência europeia, normalmente proibidas de terem terras, tinham como principal capital seus escravizados, dos dois sexos (Jones-Rogers, 2019). Certa maneira de encarar essa sororidade tão evocada hoje em dia é apenas um subterfúgio que visa fazer com que as desigualdades entre mulheres — que podem ser sociais em um mesmo país — não sejam analisadas, visto que a dominação absoluta das que saíram vitoriosas de uma história degradou e empobreceu as outras.

Ora, o que o silêncio esconde não pode ser esquecido. Muito pelo contrário: ele se mantém, encontra outras modalidades de expressão e se solidifica. Torna-se uma regra estabelecida, uma norma, tanto que não prestamos mais atenção. O que o silêncio esconde é algo aceito: o fato de a ocidentalidade, como sistema, só ser capaz de caracterizar as pessoas de ascendência subsaariana num *status* subalterno. É como seres inferiorizados que elas participam do funcionamento da máquina. Por isso, nos perguntamos por que deveríamos nos sentir atraídas por esse feminismo incapaz de aproximar as mulheres umas das outras, considerando seus fundamentos, o lugar político de sua ascensão, as questões de que ele não pode se encarregar sem se desagregar para, na melhor das hipóteses, dar à luz uma prática mais fecunda. O ponto de partida dessa abordagem, a tradução concreta de outra língua, seria a relação entre mulheres, sob todos seus aspectos. A ideia não seria produzir uma ideologia suplementar, um "ismo" a mais, e sim estabelecer uma prática alimentada pelo respeito, a empatia, a vontade de valorizar o outro, a aceitação da experiência dele como fonte de aprendizado. Fazer isso exigiria que estabelecêssemos como principal objetivo a igualdade entre mulheres, primeiro no plano das ideias e no das representações. Para as mulheres cuja voz se impõe simplesmente porque elas pertencem a um espaço que seus homens tornaram dominante, isso significa abandonar toda postura vertical, descentralizar e questionar sobre a validade do projeto elaborado para todas. Para as mulheres cuja voz foi e continua sendo sufocada, significa reconquistar as próprias palavras, confiar nelas mesmas para valorizar seus saberes e particularidades e reivindicar um lugar legítimo no imaginário, na consciência dos povos. Se as mulheres não conseguirem corrigir os desequilíbrios entre elas, a busca de outros objetivos vai parecer vã.

Na verdade, seria pela reabilitação da relação que as mulheres têm umas com outras, pela busca de disposições reparadoras — que resolvam os erros históricos e as desigualdades de maneira geral — e pela implementação de solidariedades concretas que as mulheres do mundo teriam a maior chance de destruir as estruturas opressivas. Seria por meio da criação de uma potência própria primeiro, e não vendo o ataque às baronias masculinas como objetivo primordial. Essa visão das coisas vale, inclusive, para toda categoria minoritária, e, claro, para as nações e regiões do mundo sitiadas pelo imperialismo financeiro. Gostaríamos de ter um feminismo universal, mas um ambiente regido pela ocidentalidade não pode produzir nada que beneficie a todas. Num espaço como esse, o pressuposto para toda evolução positiva é a destruição da ocidentalidade, isto é, o fim do mundo, já que ele só conseguiu fabricar turistas sexuais que continuam não recebendo, no próprio país, os mesmos salários que os homens, embora fiquem muito satisfeitas com as compensações que o sistema oferece a elas. A ocidentalidade apenas ofereceu a elas a oportunidade, facilmente aproveitada através da História, de serem também opressoras. Esse foi o principal resultado da luta das mulheres ocidentais, desde que nos interessamos por analisar o lugar delas no tabuleiro feminino mundial. Se abrirmos o dicionário para procurar uma definição básica do feminismo, como qualquer menina poderia fazer, vamos encontrar duas: 1/ Movimento social que tem por objeto a emancipação da mulher e a ampliação de seus direitos na tentativa de igualar seu status ao do homem, especialmente nas áreas jurídica, política e econômica; doutrina, ideologia correspondente. 2/ (Biol.) Presença, num indivíduo do sexo masculino, de características sexuais secundárias femininas (Centre National, 2023).

A segunda acepção da palavra parece hoje um pouco esquecida, enquanto a primeira lembra o ponto de partida do feminismo. E, se o dicionário não especifica onde ela se originou, é porque se dirige sobretudo a esse lugar preciso. Não há nada nessa definição que precisemos contestar *a priori*. No entanto, as mulheres que tomam esse caminho não pedem que uma ordem antiga, que lhes permitia ocupar um lugar eminente na sociedade, seja restaurada nem atualizada. Ou seja, elas querem adquirir uma autonomia, direitos que nunca lhes foram cedidos. O tipo de dominação masculina exercido sobre elas não é exatamente o que outras mulheres sofrem — as subsaarianas, por exemplo, cuja experiência nos interessa aqui. As nativas do Sul do Saara também vivem em ambientes patriarcais, mas eles são muito diferentes e variam muito entre si. A África subsaariana pré-colonial, desde a Antiguidade, tinha muitas mulheres governantes e guerreiras espalhadas por todo o continente. Ela também experimentou a matrilinearidade, e certas formas dela permitiam às mulheres darem seus sobrenomes aos filhos, por exemplo, coisa que as francesas só conseguiram perto do fim do século XX.

Diversas sociedades subsaarianas, mesmo entre as mais rígidas com as mulheres, permitiam que elas tivessem uma atividade cujo salário pertencia apenas a elas. Foi muitas vezes para defender esse direito que elas se opuseram aos impostos coloniais que lhes tinham sido aplicados, quer fosse na Nigéria, em Camarões, em Gana ou no Togo, para citar apenas alguns exemplos. As sociedades de mulheres, secretas ou não, foram muitas, e algumas tinham certo poder, pois suas palavras tinham peso na comunidade. Vários povos bantos pré-coloniais davam às mulheres uma liberdade sexual igual à dos homens, mesmo depois do casamento. Foi através de meu pai que eu soube disso e aprendi que, em meu povo, era bem-visto que uma jovem mulher tivesse um filho antes de se casar. Isso significava que ela era uma mulher realizada e conhecia o prazer.

É claro, isso também garantia a fertilidade dela, e foi provavelmente esse costume antigo que conferiu às estrias um *status* de adorno no corpo das mulheres, já que elas podem aparecer na puberdade, mas costumam surgir depois de um parto. Mas o mais importante aqui é a inexistência da desvalorização da menina-mãe. O recém-nascido que vinha ao mundo por causa desses amores de juventude era chamado de "filho de passeios", e nada o relegava à infâmia. Mais uma vez, não queremos usar a cultura como único argumento para justificar a inadequação do feminismo aos contextos subsaarianos, mas mostrar que, apesar das semelhanças que ninguém pode negar, as experiências e as memórias femininas diferem, o olhar de umas sobre outras também, a posição delas mais ainda, o que exige uma linguagem adaptada, a criação de sistemas próprios ao continente. Elaborar uma outra língua das mulheres a partir de histórias subsaarianas é um primeiro passo em direção a esse objetivo. Esses relatos serão propostos aqui com o objetivo de compartilhar, mas também de apoiar reflexões e abordar, através deles, diversos assuntos vinculados às experiências das mulheres.

# GOZO CRIADOR

Depois de mencionar brevemente a princesa Mkabayi dos zulus e a rainha Labotsibeni da Suazilândia, a primeira mulher que teremos o prazer de lembrar não tem nome. Pode parecer estranho, levando em consideração que o mito a coroa com um título real. No entanto, é possível ver isso de maneira diferente, transferindo a todas as mulheres o poder da anonímia, porque ela contempla todas. Há muito tempo, em uma época em que o mundo não estava pronto, pois, se estivesse, a história que vamos contar não teria acontecido, os seguintes fatos se passaram: numa região do leste subsaariano, que viria a se tornar Ruanda, a rainha sentia saudade do esposo que havia partido, como muitas vezes acontecia na época, para guerrear, de modo a ganhar *status*. Não se sabe se uma irmã, uma amiga ou uma serva havia sido encarregada de avisar se alguém visse o homem voltar. A solidão não se contentava em torturar o espírito da esposa deixada para trás e assediava também seus sentidos. Contudo, a carne, ao contrário do que dizem os que não sabem o que falam, longe de ser fraca, é uma potência déspota. A rainha não conseguia deixar de ouvir o chamado estridente de seu corpo. Por isso, teve que achar um jeito de apagar o incêndio que prometia torná-la apenas um cadáver calcificado, uma vez que precisava estar viva e bem para acolher o repouso do guerreiro no momento em que ele chegasse. Pensando apenas em seu dever, ela chamou um dos guardas encarregado de sua segurança e ordenou, como a rainha que era, que ele aliviasse seu sofrimento naquele instante. Não sabemos esse detalhe, mas é razoável pensar que ela escolheu um homem que a natureza havia criado de maneira elegante. A rainha tivera tempo de observar aqueles homens da guarda jovens e vigorosos, prontos para todo tipo de exercício físico, infatigáveis, dotados da fleuma que dissimula os temperamentos mais fogosos.

Como a ordem de uma rainha não pode ser questionada, o eleito teve que se juntar a ela e se submeter. A situação tinha certa dose de risco. E se ele não conseguisse satisfazer a rainha? Era uma mulher, mas não qualquer uma. Se não estivesse à altura das expectativas delas, que destino lhe esperava? Era a primeira vez que um homem de sua condição era solicitado daquela forma. E o que diria o rei, que podia voltar a qualquer momento? Nesse caso, sua vida também estaria por um fio [...]. Muitas perguntas atormentaram o jovem, que não pôde introduzir no orifício oferecido o pênis que, no entanto, já estava ereto. Consciente pelos dois, ele não conseguiu evitar que sua mão tremesse, o que o levou a dar uma série de tapinhas no entorno do sexo da mulher, no clitóris saliente e, também, na parte chamada de "pequenos lábios" por quem enxerga na vulva uma boca pronta para devorá-los. As carícias involuntárias do moço foram muito eficientes. A rainha transbordou de prazer e o fluxo de seu gozo deu à luz o lago Kivu. O fenômeno obviamente não pôde ser dissimulado. Todas as mulheres da região quiseram experimentar a mesma felicidade. E ela continua sendo oferecida até hoje.

Atualmente, quando falamos sobre Ruanda, essa prática sexual é muitas vezes mencionada. As modificações do corpo feminino — chamadas de *gukuna*[15] — resultantes dela são conhecidas em muitos outros países do espaço subsaariano, de leste a oeste, e na África austral.[16] Contudo, é a prática ruandesa que chama a atenção. O mito, ao mesmo tempo, diverte e intriga. Gostaríamos de ver esses pequenos lábios esticados, esse clitóris alongado por massagens que fazem jorrar o gozo das mulheres. Gostaríamos de entrar nesses quartos, observar os gestos, a técnica adequada para segurar, entre o dedo médio e o indicador, a cabeça do pênis ereto. Mas o que diz o mito, na verdade? A colaboração das mulheres com a divindade criadora não se limita à maternidade. Sua satisfação torna o mundo mais belo e é através delas que ele se torna realidade. O mito indica também — e isso merece ser salientado — que nem sempre o orgasmo feminino mais potente resulta

---

15   Alongamento dos pequenos lábios e massagem do clitóris para torná-lo mais proeminente.

16   O "avental" dos hotentotes foi observado de todos os ângulos. Há gravuras de Charles Lesueur representando esse avental na Biblioteca Central do Museu Francês de História Natural, em Paris. Essa macroninfia pode ter causas naturais e ocorrer depois do parto.

da penetração. O que acontece com esse saber em uma sociedade em que todo o poder é adquirido pelo homem? Sabemos o que isso significava na época indefinida do início dos tempos. Na sociedade ruandesa que conhecemos, um ambiente patriarcal, patrilinear e virilocal, o prazer feminino não é mais o único objetivo. Se fosse, a sexualidade das mulheres também seria livre como era a da rainha da lenda, que se autorizou a gozar apesar de seu marido não ter voltado. As mulheres que quisessem seguir seu exemplo não seriam vistas como "moças levianas" nem "mulheres fáceis", incapazes de dominar seus sentidos.

A *kunyaza*,[17] estimulação do clitóris e das partes externas da vulva feita pelo homem, é obrigatória para estimular a abundância de secreções vaginais, pois muitos acreditam que isso facilita o parto e melhora a saúde dos recém-nascidos. Podemos imaginar que as mulheres, talvez já matronas, tenham inventado essa história sobre a procriação. Assim elas podiam ficar em paz. As moças, que supostamente deviam se manter virgens até o casamento, podiam continuar descobrindo seu corpo e seu prazer entre elas mesmas, por meio de massagens que deviam prepará-las para o ato sexual. Era com outras mulheres que elas aprendiam a fazer amor e, mesmo que a satisfação do homem fosse o objetivo declarado daquelas aulas, a das mulheres vinha em primeiro lugar. Aliás, a *gukuna* foi combatida pela Igreja, que via nela uma prática masturbatória, um onanismo contrário aos bons costumes. Como o cristianismo associava a carne ao pecado, muitas ruandesas evangelizadas sentiam vergonha depois de passarem pelo rito que lhes dava acesso à feminilidade concebida por sua tradição e, claro, após terem sentido um prazer cujo objetivo não era a procriação.

O uso que uma sociedade regida pelos homens e, além disso, evangelizada fez desse mito não é nada surpreendente. A concepção dessa fábula só pode ser anterior à ordem social que cerceia as mulheres. Ela foi transmitida por teimosia, tolerando uma associação à maternidade para sobreviver. Seria isso que garantiria sua permanência na memória das mulheres. Isso, claro, é pura especulação, mas o texto oral a suscita.

---

17  Chamada de *kachabali* em Uganda ou *lunganga no* Quivu (Congo).

Na verdade, o gozo da rainha não é provocado por esposo e não gera descendentes. É um gozo transgressivo por vários motivos: porque ele não é obtido por um casal lícito, não é legitimado por um sentimento amoroso, envolve apenas a mulher, não seu parceiro ausente, que estava ocupado em outro lugar e cujo prazer não é mencionado. A rainha, neste caso, deu à luz algo diferente de um bebê. Ninguém pode se apropriar dele, submetê-lo à vontade humana, ver nele o reflexo da própria posteridade. O lago, nascido da ejaculação feminina, pertence apenas a ele mesmo, obedece apenas às leis de sua natureza. Diversos elementos são importantes nessa história em que o gozo feminino gera uma potência soberana, que toma a forma de um corpo de água. Símbolo universal da vida e da fecundidade, mas também da regeneração, a água está presente em muitos rituais iniciáticos de todo o mundo. Na África subsaariana, era costume considerar os cursos d'água como divindades secundárias, representantes do Ser supremo no mundo visível.

Antes de mais nada, o mito ruandês lembra que a África subsaariana soube valorizar o prazer feminino. As mutilações genitais, a aversão que os fluidos sexuais femininos[18] inspiram, às vezes, tendem a ocultar o fato de, em muitas regiões do espaço subsaariano, o prazer sexual ser um direito, inclusive para as mulheres. Não é preciso deixar o continente para descobrir isso. As mulheres subsaarianas socializadas em ambientes em que o clitóris, considerado um órgão masculino,[19] deve ser extirpado, têm apenas que olhar para suas vizinhas para ouvir outra

---

18   Apesar de não levar à mutilação no sentido estrito da palavra, essa aversão pelas secreções vaginais induz um controle — feito, na maior parte das vezes, por meio de plantas —, que visa ressecar as mucosas e, às vezes, contrair o sexo com o objetivo de favorecer o prazer masculino e dar ao parceiro uma impressão de virgindade permanente. Em tempos antigos, essas práticas serviam para dissimular as infidelidades das mulheres na ausência do marido. Hoje, nas comunidades que ainda as mantêm, elas limitam o prazer feminino e garantem às mulheres a manutenção de uma boa reputação. E realmente, entre essas populações, as mulheres cujos fluidos sexuais — não menstruais — são abundantes são consideradas fáceis e excitáveis.

19   O prepúcio é, assim, considerado um elemento feminino que também é preciso retirar e, apesar de isso raramente ser dito, a circuncisão costuma ser vista por alguns como uma mutilação. Nos dois casos, é possível questionar os fundamentos dessas práticas que têm por objetivo ancorar mulheres e homens em um sexo bem definido. Contudo, muitos subsaarianos tinham divindades andróginas em seu panteão. Por isso, ficamos surpresos quando o que poderia ser considerado uma marca visível dessa androginia nos humanos seja vista como problemática...

versão da história. Certas comunidades subsaarianas chegam a dedicar um culto ao clitóris. E se o mito ruandês, assim como a prática derivada dele, fala sobre uma intervenção do homem, as mulheres sabem, obviamente, que só precisam recorrer a elas mesmas para terem prazer e que não precisam estirar os pequenos lábios para isso. Em uma África subsaariana gangrenada por todo tipo de expressão do fundamentalismo religioso e assolada por um etnocentrismo que promove supostos "valores africanos" cada vez mais limitantes, convém reatualizar a história dessa mulher-gêiser originária. Não apenas contá-la, mas se apropriar dela, incorporá-la e fazer dela um sacramento para que avancemos na vida conscientes de nossas necessidades, nossos direitos e nosso poder.

A outra língua das mulheres que gostaríamos de imaginar levaria, sobretudo, ao autoconhecimento, à satisfação de sermos nós mesmas. Isso ocorre longe de qualquer referência externa, sem que seja preciso se comparar ao homem. A comparação exige uma hierarquização imediata. E exige também, para quem se determina com base no indivíduo do sexo masculino, que é instalado no centro de suas preocupações, que a mulher se defina por meio de carências ou limitações. A nova perspectiva que esse mito traz, que poderíamos chamar de "ginil",[20] é a tomada de consciência da competência do sujeito feminino para avaliar as próprias necessidades e a autoridade que tem sobre o próprio destino. E ela se manifesta quando a mulher toma a iniciativa de recusar a frustração sexual. Muitos insistem em dizer que essa ideia foi adquirida. Não é realmente verdade. Basta conversar com as mulheres sobre o assunto. Notamos também que aquelas que se autorizam a ter muitos parceiros usam sempre o argumento comparativo: quando uma mulher faz isso é uma vagabunda, mas quando é um homem...

Ora, a mulher do mito não está preocupada com o que a sociedade permite ou não, nem com o que as pessoas vão falar, por mais que elas sejam muitas em qualquer lugar em que estejamos e sempre estejam

---

20  Tomo esse termo emprestado de Louky Bersianik para insistir na especificidade do feminino, mas não abarco nele todo o conceito de *ginilidade*. Para mim, existe uma especificidade do feminino, mas as mulheres abrigam nelas as duas polaridades, e o feminino pode se revelar dominante em alguns homens. Em um casal heterossexual, o elemento viril nem sempre é do sexo masculino.

dispostas a ter uma opinião. Essa mulher se encarrega de si mesma, faz o que é bom para ela, sem "trair" seu esposo, já que a intenção não é de prejudicá-lo. Ela é livre, não acha que pertence a uma categoria afetada por qualquer tipo de desastre, esmagada pela dominação masculina. Ela triunfa ao se isolar dessa situação. Podemos argumentar que tudo é mais fácil quando se é rainha. Isso é verdade, e algumas sociedades subsaarianas davam às mulheres da nobreza uma liberdade sexual que as mulheres comuns nem sempre tinham, pois a posição social permitia que elas se libertassem das convenções. No entanto, mesmo nesses casos, como veremos mais tarde, essa licença era muitas vezes usada contra elas. Hoje, sem fazer nenhuma distinção de classe, vamos convidar as mulheres, de onde quer que sejam, a se escutarem mais e a cuidarem delas mesmas. Em termos de sexualidade, mesmo as subsaarianas mais modestas souberam fazer isso. O escritor togolês Sami Tchak relembra:

> As religiões importadas, o islamismo e o cristianismo, impuseram novas normas sexuais a elas até nas sociedades em que a infidelidade feminina era tolerada, e mesmo incentivada. Mas essas normas nunca se tornaram o que essas religiões e os homens quiseram fazer delas. (Tchak, 1999)

Evidentemente, a sexualidade não é a única área em que temos que defender a soberania plena das mulheres e o direito delas à realização. No entanto, é importante começar por ela, por vários motivos. É nessa dimensão da vida que as mulheres ficam, na maior parte das vezes, mais restritas. A realização social é prometida àquelas que estudam — ou às empreendedoras que desenvolvem uma atividade —, mas é na intimidade que as mulheres são obrigadas a reprimir seus desejos para manter uma boa reputação e preservar a de seus descendentes, e até mesmo da comunidade. Às vezes, as que parecem ter uma vida sexual livre se preocupam apenas em agradar aos homens, em mantê-los por perto. Sua prática sexual é regida pelas vontades deles. Além disso, é justamente nessa área que a competição entre as mulheres é maior, e é especialmente no modo como elas se veem e se tratam que identificamos os mecanismos da hegemonia masculina.

Muitos dos homens que se declaram a favor da igualdade em termos de direitos políticos e sociais — ou seja, de direitos humanos — são mestres na arte da perseguição afetiva, algo fácil em um ambiente que favorece a rivalidade entre as mulheres. No entanto, a violência contra a mulher não se limita aos espancamentos nem à manutenção delas em uma posição social subalterna. A reação delas a esse tipo de coisa depende, em grande parte, da liberdade e do valor que são atribuídos a elas na intimidade. Todo mundo sabe que os papéis sociais atribuídos aos sexos vêm da visão, da compreensão que temos de suas prerrogativas na esfera privada. Esses papéis sociais, em seguida, se solidificam, repetem a mecânica da intimidade, em que normalmente as relações são mais desiguais que complementares. Na verdade, a verdadeira complementaridade implicaria que um equilíbrio inicial fosse garantido, algo parecido com o que é descrito no contexto das sociedades matriarcais. Nós nunca vivemos isso, independentemente de nossa origem étnica. O matriarcado, que não é a dominação feminina, pertence ao passado, a uma era em que a nação orgânica[21] ainda não havia parido o Estado, que nem sempre tinha governantes.

É muito pouco provável que a humanidade decida construir sua jornada histórica às avessas. Isso não significa que ela vá optar pela perenização das estruturas atuais, se escorar no Estado-Nação como forma privilegiada de organização política. Muitos defendem que ele seja abandonado, sobretudo por que ele se baseia, em grande parte, numa estigmatização *a priori* do que é estrangeiro, na necessidade de se defender dele e não de se reconhecer nele, de se associar a ele. Fundado muitas vezes por meio da conquista, ele é consolidado pela guerra, seguindo modalidades variadas. É uma forma arcaica que prospera pelo conflito e pela competição — que, mesmo assim, é uma manifestação policiada, coisa que se repete nas relações sociais e íntimas.

---

21  Esse termo se refere a uma forma primitiva de nação. Uma forma de organização social que poderia ser coletiva, sem um líder nomeado. Essas tribos/comunidades muito mais tarde darão origem a outras maiores e, eventualmente, a Estados. Uma nação orgânica, como eu a vejo, não é política.

O Estado-Nação aparece, em sua forma inicial, durante a Revolução Neolítica. Essa era antiga, que surgiu há 10 mil anos, seria, para os pesquisadores, a época do início da desvalorização das mulheres e do nascimento da desigualdade entre os sexos. Segundo o antropólogo Tamás Dávid-Barret, da Universidade de Oxford, o período em que os povos se sedentarizaram permitiu o desenvolvimento de técnicas desconhecidas, mas trouxe também a degradação da alimentação — para as mulheres —, a guerra, a hierarquização das sociedades e a dominação masculina (Tanner; Gutschmidt, 2019). A Revolução Neolítica seria então a matriz do mundo atual. Apesar de modelos diferentes terem persistido, o que nasceu naquela época se tornou dominante. O Estado-Nação é, na própria essência, uma invenção da força masculina corrompida. Ele foi erigido por homens que se recusavam a partilhar os recursos, como faziam antes, e assim enfraqueceu as mulheres. Foi fundado por homens que tinham passado a precisar se apropriar de um território e defendê-lo, apesar de antes serem parte da natureza, deslocarem-se de acordo com as estações ou a necessidade. Segundo Jean-Paul Demoule, professor de proto-história da Universidade Paris I Panthéon-Sorbonne, a violência pode ter existido desde o início dos tempos, mas não há rastro de conflito armado antes do Neolítico:

> O massacre mais antigo já identificado aconteceu em 11000 a.C., no território do atual Sudão, às margens do vale do Nilo. Sessenta corpos foram exumados, metade deles espetados por flechas. Essa sepultura mostra que um grupo foi atacado [...] (Révolution, 2017)

A sedentarização, que viu nascer a agricultura e uma maneira diferente de habitar e construir, coincidiu então com o advento da guerra, algo que a humanidade não havia conhecido. Esse fenômeno fixou também as mulheres em um território, isto é, em um novo espaço que se tornou a casa, o lar. As pesquisas realizadas nessa área nos permitem confirmar que as desigualdades entre homens e mulheres não são naturais, e sim resultado de fatos históricos. Também podemos pensar que as sociedades humanas preferiram dividir os papéis da maneira que ainda vemos muitas vezes, e que as mulheres aceitaram isso. Num mundo ainda muito hostil, estabelecer-se de modo permanente em um território era também ficar à mercê do perigo, quer ele emanasse da natureza ou de outros humanos. Talvez então tenha ficado decidido que a defesa física do novo hábitat caberia aos homens, e que seria necessário nutri-los de acordo etc. Sobre isso, os pesquisadores ainda não se pronunciaram, mas podemos supor que o desequilíbrio do masculino pode não ter sido consequência de uma decisão tomada apenas pelos homens, e sim de uma escolha coletiva, cujo efeito sobre as mulheres não podia ser imaginado.

Afinal, a exaltação dos valores vistos como masculinos pela grande maioria das sociedades humanas causa também muito sofrimento aos homens. Eles não devem expressar suas emoções e são obrigados a lutar, conquistar e dominar. O sacrifício, então, é feito por ambos os lados. Além disso, se acreditarmos nos especialistas nessas épocas remotas, as mulheres, antes do Neolítico, não eram pequenos seres frágeis. Elas lançavam dardos e caçavam, por exemplo. Por isso, podiam ter se oposto aos homens, recusado sua opressão, se a situação tivesse sido vista dessa maneira. É bom lembrar que a pesquisa atual, que reabilita o lugar das mulheres nas sociedades anteriores ao Neolítico, não chega a dizer que os corpos femininos produziam tanta testosterona quanto os dos homens, ou seja, seis a sete vezes mais do que vemos hoje. No entanto, é também essa produção de testosterona, e o que ela provoca, que nos leva ainda hoje a separar os corpos masculinos dos femininos, sobretudo nos esportes. Postulamos a igualdade de direitos reconhecendo a desigualdade em outras áreas.

Os estigmas atribuídos ao Neolítico não induzem a preferência do matriarcado, sistema no qual as mulheres não são valorizadas por elas mesmas, e sim como procriadoras. As sociedades matrilineares, conhecidas na África subsaariana, conservavam uma sacralização da figura materna, mas muitas vezes punham as mulheres sob a tutela dos homens, que exerciam o poder transmitido por elas e dominavam as terras que elas valorizavam. O que é preciso entender é que os representantes dos dois sexos adquiriram seus papéis sociais em função do que eram na esfera privada,[22] que esses dois espaços se influenciam mutualmente e que as relações íntimas padecem pelo fato de a ordem social ser desequilibrada. Por exemplo, a sacralização não do feminino, mas da maternidade — que, no entanto, é apenas uma eventualidade —, pode complicar as relações entre mulheres e homens hoje. Como a mulher é sobretudo uma mãe no plano simbólico, a sociedade espera que ela tenha uma capacidade quase sobrenatural para suportar os problemas de um homem que, no fundo, só pode ser uma criança. Se o princípio feminino é a origem do outro, que o precedeu e foi gerado pela vontade dela, as mulheres sendo guardiãs da Criação — à imagem de Ekwa Mzato — e o refúgio concreto ou espiritual dos homens, o que elas podem realmente esperar deles?

O lugar de destaque dado ao feminino em muitas cosmogonias subsaarianas pode se tornar uma armadilha para as mulheres dos nossos tempos, quando elas se relacionam com alguns homens que a época lhes oferece. Sejamos claras: é difícil formar um casal divino com um parceiro destruído pela História, que perdeu toda a soberania que tinha nas áreas de sua responsabilidade. Ele não é mais o *alter ego* que adquire certo *status* através de um papel de civilizador, de criador, e sim um ser que voltou a seu estado menor. Ele não é mais um construtor e faz de sua companheira uma babá no melhor dos casos, uma zeladora de cemitério no pior. Esse homem não é mais a réplica humana do deus Osíris, mas muitas vezes espera que a mulher o reconstrua em todos os sentidos, como fez Ísis. É preciso lembrar que, quando Ísis encontra os restos mortais de seu esposo, espalhados pelos quatro cantos do mundo por Seth, um elemento fica faltando. As partes genitais de Osíris são perdidas, e é sem elas que o deus volta à vida. Claro, Hórus, o filho do casal divino, que forma a trindade que inspiraria outros mitos, depois enfrenta Seth e o emascula.

---

22   Por exemplo, as mulheres só podem ter o usufruto da terra, e não a plena propriedade, porque elas se casam e seus bens são passados para seu esposo. Ou seja, a vida íntima delas determina seus direitos sociais. Os dois aspectos são interligados. A eventualidade do casamento as priva do que é garantido ao homem, que pode até se casar várias vezes. Em certos modelos sociais, é exatamente porque a mulher vai ser mãe que a casa é direito dela.

Identificar-se com Osíris é, para o homem subsaariano, reconhecer sua vulnerabilidade depois do combate contra um inimigo que o mutilou. É acreditar em sua ressurreição, que acontece apenas por causa de uma iniciativa feminina, que, por isso, deve ser sempre livre. É também aceitar a ideia de ter perdido algo que simboliza suas partes genitais, que impõe uma divisão do poder sob todas as formas. Identificar-se com Hórus é se ver obrigado a vingar seu pai e satisfazer esse desejo. É lembrar também que o deus nasceu apenas da vontade de sua mãe. Como o sexo de seu esposo havia desaparecido, é pelo poder do próprio pensamento que a deusa Ísis dá à luz o filho.[23] Cabe aos homens subsaarianos tirar conclusões, agir a partir disso. O bom senso diria que devemos buscar um equilíbrio, que a força de um sustenta a do outro, que devemos ficar um ao lado do outro. A iniciativa das mulheres, quando elas devem imitar Ísis, não pode ficar limitada à noite, que dá conselhos para que o homem colha os favores do dia. Essa ação deve ser noturna e diurna — não pode acontecer de outro modo. Inclusive, chegará o dia em que, diante dos ataques do exterior, fará mais sentido confiar às mulheres a ação diurna. Isso deve ser aceito sem discussões inúteis, já que o objetivo de todos é revitalizar o continente e restaurar seu *status* no mundo.

As sociedades subsaarianas não ganhariam nada importando a guerra dos sexos que assola outros lugares — na comunidade afro-americana, por exemplo. Agora, algumas das mulheres desse grupo deixaram de se solidarizar com os homens porque eles teriam ocupado a dianteira por anos demais. Elas chegam a se recusar a participar de manifestações organizadas após a morte de um jovem, alegando que é preciso reservar energia mental para as mulheres que não serão mencionadas quando a violência policial as atingir (Foster, 2014). Vimos esse fenômeno especialmente após a morte de Eric Garner. E, mais recentemente, quando George Floyd foi assassinado — o que suscitou a comoção

---

23 Aliás, essa gestação e esse nascimento sem coito são o que permitem a aproximação de Ísis à Virgem Maria por algumas pessoas. No entanto, é preciso destacar uma diferença importante: é pela força do próprio espírito que a deusa africana se fecunda.

mundial que vimos. Mas não prestamos muita atenção às publicações de mulheres afro-americanas que convidavam suas semelhantes a não participarem dos protestos. Questionamos pouco a ação profunda de grupos chefiados por afro-americanas, que fazem muito barulho quando os homens de sua comunidade morrem, mas preferem se distanciar quando eles estão vivos.

Podemos elaborar todas as teorias do mundo para explicar os motivos dessa atitude. Mas o que ela revela, e muitos outros fatos confirmam, é que estamos diante de uma comunidade que está há muito tempo dividida, e por isso se tornou enfraquecida, em um ambiente nada favorável a ela. O fato de essa recusa ter sido objeto de um discurso redigido por uma feminista interseccional declarada — como é o caso de Eric Garner — também inquieta devido à orientação previsível das relações com os homens da comunidade, em meio a uma sociedade na qual a opressão atinge os dois sexos de maneira igual. Quando falamos da violência policial que vitimiza as duas categorias, e até crianças, ela afeta muito mais os homens, o que as estatísticas demostram claramente. Todas as mortes devem ser lamentadas, mas, por ano, por volta de duzentos homens negros são mortos pela polícia, comparados a cerca de dez mulheres, ou às vezes menos.

O que acontece então num grupo humano cujas mulheres parecem esquecer que também dão à luz meninos? Mesmo que não sejam mais companheiros, são filhos, irmãos, pais. O que pode acontecer a uma população cujos homens suscitam a desconfiança das mulheres a ponto de elas se recusarem a fazer seu luto por eles e, sobretudo, a exigir justiça por suas mortes? É preciso mesmo se inspirar na comunidade afro-americana do século XXI, que decreta que os homens negros heterossexuais são representantes da branquitude? Para nós, é preciso amar esses homens quando eles ainda estão vivos, não se contentar em erguer o punho quando eles morrem, não dar as costas a seus cadáveres, às mulheres de sua família, apenas para chamar a atenção. Por sua vez, a reação dos homens é rejeitar essa ideia, chamando-a de *black gynarchy* [ginarquia negra], por exemplo. Tudo isso é decepcionante e é o caminho mais certo para a derrota coletiva. Mesmo se considerarmos isso uma etapa da trajetória desse grupo, ela é perigosa e pode levar à destruição. A essas pessoas, cuja influência é considerável por vários motivos, queremos lembrar as palavras de Audre Lorde, poeta e ativista afro-americana:

> Como povo, nós deveríamos obviamente trabalhar juntos para acabar com a opressão comum e seguir na direção de um futuro viável para todos. Nesse contexto, é imediatista demais pensar que apenas os homens negros são os culpados [...] em uma sociedade dominada por homens brancos privilegiados. Mas a consciência do homem negro deve ser cultivada para que ele se dê conta de que o sexismo e o ódio às mulheres atrapalham essencialmente sua libertação [...]. (Lorde, 2009)[24]

Audre Lorde, lésbica e feminista declarada, entendia a importância da unidade dos grupos minoritários, especialmente para sua comunidade, que, no entanto, rejeitavam sua orientação sexual. Ela nunca deixou de criar espaços de diálogo, por meio seus livros e suas palestras. Convencida de que o silêncio separava mais que as diferenças, ela sempre trabalhou para rompê-lo. As ideias que ela defendia para a comunidade afro-americana continuam pertinentes, mesmo fora desse grupo e das incompreensões entre membros dos dois sexos. Na verdade, elas envolvem os problemas que opõem os humanos como um todo. Uma situação como a da comunidade afro-americana do século XXI seria catastrófica nos países subsaarianos, que ainda precisam construir sua modernidade, compor seu futuro. As subsaarianas sabem o que certas afro-americanas perderam de vista: as mulheres não elevarão seu *status* pela diminuição dos homens em nenhuma parte no mundo, e muito menos em grupos brutalizados pela História. Mas, na África subsaariana, as mulheres também podem lamentar o fato de os homens terem

---

24 *"As a people, we should most certainly work together to end our common oppression, and toward a future which is viable for us all. In that context, it is shortsighted to believe that Black men alone are to blame... in a society dominated by white male privilege. But the Black male consciousness must be raised so that he realizes that sexism and woman-hating are critically dysfunctional to his liberation..."*

monopolizado muitos espaços. A vontade delas é recuperar o lugar que ocupavam na vida social, a voz que tinham. Elas querem a parte do poder que lhes é devida quando tiverem que aceitar os papéis de Ekwa Mwato e Ísis. Os homens deveriam se antecipar a esse pedido, não deixar prosperar uma frustração que apenas nutriu um ressentimento cego.

Por enquanto, os homens subsaarianos se envolvem em jogos perigosos, e às vezes devastadores, para manter a aparência de um poder político e uma capacidade militar que lhes permite mais brutalizar seu povo do que defendê-lo de agressões estrangeiras. Nesse contexto, em que a masculinidade se tornou uma patologia incurável porque os homens não recuperaram a propriedade plena do território, apropriado por interesses estrangeiros, a maternidade — vista como a expressão mais nobre do caráter feminino — é obrigada a agir como força reguladora. Isso exige a contenção do desejo feminino através da amarração das necessidades das mulheres às dos homens, filhos que basicamente obrigam suas mães a aceitar tudo que fazem. Afinal, a comunidade, cuja imagem virtuosa e digna deve ser preservada pelas ressalvas impostas às mulheres, nunca se arriscaria a cair em decadência — coisa que aconteceria se a situação dos homens se deteriorasse. A comunidade não perderia poder se os homens fossem vencidos por semelhantes que tivessem vindo tomar suas terras, destruir crenças, reduzir ao silêncio as línguas ancestrais, saquear seu universo de referências. Por outro lado, ela se rebaixaria se as mulheres sentissem prazer abertamente, em termos sexuais.

O mito ruandês diz que essa visão é uma falácia, que a mulher não é propriedade do marido, que o gozo feminino é fecundo em si, que ele não deveria ser objeto de nenhum controle específico e que cabe às mulheres buscá-lo. Não para que elas fossem tão livres quanto os homens, cuja compreensão e cujo exercício da liberdade também podem ser questionados, mas porque as mulheres são pessoas soberanas. Torcemos para que isso não seja mais uma descoberta para a maioria delas. É importante que a África subsaariana, vista como muito atrasada, tenha divulgado essa mensagem para o mundo há muito tempo. Esse mito não pretende diminuir a hegemonia do desequilíbrio masculino nem os danos causados por ela. No entanto, assim como em práticas como a perfuração ritual do hímen por mulheres mais velhas, com o objetivo de incluir uma moça no grupo de mulheres (Bonambela, 1985), seres sexuados autorizados a ter uma vida sexual, a lenda devolve às mulheres a plena propriedade de seus corpos e lembra que ele não é destinado apenas à procriação, que a fecundidade possui outras faces e que sua contribuição para a beleza das coisas não depende da união com um homem, consagrada por algum rito. Na história contada aqui, a rainha é uma mulher que deseja. É dessa forma, e não como procriadora, que ela deixa sua marca no mundo.

# REBELIÃO CENSURADA

A mulher pela qual vamos nos interessar agora devia ser considerada revolucionária. Ao contrário de outras, mais famosas e veneradas, ela não se limitou a demonstrar que era igual aos homens ou a acompanhar as ações dele. Não foi uma governante dominadora, que vivia apenas para subjugar e prejudicar. Apreciadora da própria liberdade, ela quis libertar as mulheres do povo das sujeições que lhes oprimiam. Ahangbé, que foi regente de Daomé (atual Benim) no início do século XVIII, era irmã e filha de reis. Quando seu irmão gêmeo foi coroado, os rituais também foram praticados para ela, já que todos que nasciam juntos eram considerados duas metades de uma mesma entidade. Com a morte do rei Akaba, seu irmão, Ahangbé chegou ao poder, pois o príncipe herdeiro era ainda muito jovem para reinar. Por ser irmã gêmea do falecido, ela era, de certa forma, um clone seu e impediu Dossou, o irmão mais novo, que estava de olho no trono, de ser coroado. Foi assim que uma mulher ocupou o mais alto cargo de uma sociedade patriarcal. Recusar de imediato esse direito a ela significaria questionar uma visão do mundo, as crenças de todo um povo.

Ao se tornar regente, e não rainha, porque não podemos exagerar, Ahangbé criou as ahosis, primeiro exército armado exclusivamente feminino. Foram essas mulheres que os europeus batizaram de "Amazonas do Daomé" e descreveram como masculinizadas, mulheres em que só os seios denunciavam o sexo. As ahosis eram a guarda pessoal de Ahangbé, que confiava mais nelas do que nos homens. Dizem que a rainha as considerava suas filhas e irmãs. À frente de seu exército, ela lutou valentemente contra os invasores do reino e ganhou a guerra que havia sido iniciada após a morte de seu irmão gêmeo. Ahangbé é também conhecida por ter emancipado as mulheres e as autorizado a aprender profissões — normalmente artesanais — até então exclusivas aos homens. Foi também sob sua regência que a população teve acesso à água potável. Mas ela era uma mulher em uma sociedade a princípio governada por homens.

Dossou, seu irmão mais novo, que reinaria sob o nome de Agajá, fomentou um complô contra ela. Ahangbé foi acusada de depravação sexual, de organizar orgias que uma lógica romancista rapidamente transformou em práticas entre mulheres. Mas a grande crítica feita à rainha não foi ter ficado casada por muito tempo e vivido livremente, sobretudo no que diz respeito à sua sexualidade. Essa mulher pertencia apenas a si mesma, ela gostava disso e esse fato não a impedia de realizar suas tarefas reais — longe disso. Isso era mais que intolerável. Por isso esses rumores foram espalhados e chocaram a população. A acusada se defendeu, manteve o trono. Seu filho foi morto para forçá-la a abdicar e ela aceitou a opção. Ahangbé então se apresentou ricamente enfeitada para a cerimônia de renúncia e muitos elogiaram sua nobreza durante o luto. Ela não havia derramado uma lágrima desde a morte do filho. Seguida por uma de suas criadas, que carregava uma jarra de água, a rainha então fez o inimaginável: despiu-se e fez em público sua limpeza íntima. Mesmo silencioso, o gesto seria o proferimento de uma maldição. No entanto, durante o sacrilégio, a mulher não se calou. Ela berrou, vomitou sua tristeza e sua raiva, amaldiçoou gerações e anunciou a derrota de Agajá diante dos iorubás, coisa que realmente aconteceu. Todos os governantes que sucederam a rainha Ahangbé — Agajá, Tebessú, Penglá, Agonglô, Adandozan e Guezô — mantiveram o exército das ahosis, pois viam o furor do combate e a abnegação das guerreiras. No entanto, a fundadora desse exército de mulheres foi castigada com uma *damnatio memoriae* até o reinado de Guezô, que reabilitou sua memória.

A partir do reinado de Agajá, as ahosis foram utilizadas para subjugar os reinos vizinhos. A conquista de Aladá e Savi permitiu que os reis de Daomé negociassem sem intermediários com os europeus. Aliás, a criação do exército das ahosis é muitas vezes atribuída ao rei Guezô, pois ele o transformou em uma verdadeira máquina de destruição, fazendo dessas soldados agentes de captura para a deportação transatlântica. Foi também no reinado de Guezô que as ahosis passaram a ter que manter a virgindade e se tornaram propriedade do rei, não como filhas e irmãs, muito menos como confidentes, mas simplesmente como escravas assassinas. E são as *agoodjes* de Guezô (ou de seu filho Beanzin) que a memória comum conhece. As da rainha Ahangbé são pouco mencionadas fora do Benim.

Não há como não sentir certo carinho por essa rainha desconhecida. Desde sua reabilitação e ainda hoje, uma mulher é escolhida entre outras de sua comunidade para representá-la, para ser sua encarnação. Tratada com a consideração devida a seu cargo, a Ahangbé de cada época é ouvida e respeitada. É saudada com reverências, exatamente como se fosse a rainha antiga, que foi, por muito tempo, excluída da memória de seu povo. Lamentamos apenas que a revolta da rainha não lhe seja também atribuída, que celebramos, claro, sua contribuição à causa das mulheres e ao bem-estar de todos, mas não a extrema irreverência que demonstrou antes de deixar o mundo aos homens, já que queriam tanto tê-lo só para eles.

Ninguém sabe o que aconteceu com a rainha depois da abdicação, já que os registros acabam nesse momento. Se o surpreendente Guezô, que destituiu seu predecessor — que se recusava a entregar cativos aos europeus[25] —, tomou a decisão de reabilitar Ahangbé, é porque a contribuição dela para a sociedade era clara. Ele tornou a presença dela permanente ao fazer com que uma mulher encarnasse sempre essa governante expulsa do trono. É raro que não encontremos nada de repreensível nas pessoas que exercem o poder, pois essa atividade caminha frequentemente com a liberdade para cometer crimes. Mas nenhuma crítica foi feita a Ahangbé, a não ser a de que ela vivia com a liberdade que a sociedade dava às mulheres de alto *status*, de que ela havia se mantido livre como sempre tinha sido. Esperamos que essa hipocrisia tenha terminado assim que ela renunciou, já que seu filho tinha sido assassinado. Ela traz às mulheres de nosso tempo uma imagem da fidelidade a si mesma, seja qual for o preço. Ahangbé lembra que é imperativo usar o próprio poder para melhorar a vida dos outros. Foi

---

25  Apesar de não recusar a escravidão, [...] o rei, chamado Adandozan, queria que os escravos trabalhassem na região dele para que os bens produzidos por eles fossem vendidos depois aos europeus.

isso que fez a rainha ao criar um exército feminino e ao permitir que as mulheres tivessem uma atividade fora de casa, ou seja, uma renda. Graças a ela, as mulheres puderam mostrar do que eram capazes e, sem dúvida para algumas, descobrir isso.

# INFANTICÍDIOS GLORIOSOS

Na verdade, não foi apenas o sacrifício de um filho que fez com que algumas mulheres ganhassem um espaço importante na memória subsaariana. No entanto, esse aspecto de sua história tem uma importância capital. No caso de Abla Poku, primeira rainha dos baúles, o infanticídio fundou uma comunidade, permitindo que fugitivos escapassem de seus perseguidores e fossem acolhidos em uma nova área. Já no de Moremi Ajasoro, a nação já existia, mas o sacrifício da rainha garantiu a segurança do povo. As mães definitivamente não eram poupadas de nada. Sua divindade é constantemente posta à prova. Inclusive quando essas mulheres, como pessoas, não fazem nada de errado, é como mães — aqui inconsoláveis — que elas acessam ao cargo mais alto. Mas, pensando em nossa busca por uma língua das mulheres, será que é como mães mártires que devemos lembrar dessas figuras? Como compreender sua história hoje?

Para responder, comecemos com a ícone iorubá, raramente evocada no espaço francófono. Situada em Ilê-Ifé, a *Queen Moremi Statue of Liberty* [Estátua da Liberdade da Rainha Moremi], um dos monumentos construídos em homenagem a ela, é, porém, o mais alto da Nigéria, com cerca de 13 metros de altura e o terceiro maior do continente africano. Ilê-Ifé é, para os iorubás, o lugar onde o mundo começou. Essa cidade que, dizem, foi criada pelo deus Oduduwa, representa a alma do povo iorubá. Isso demonstra a importância conferida a Moremi Ajasoro, cuja estátua domina a cidade. A história da rainha Moremi Ajasoro vem da Idade Média[26] e não é muito bem conhecida. A princípio, Moremi teria vivido entre os séculos XII e XIII, e sua presença na memória iorubá é devida a um episódio específico.

---

26  Essa noção, assim como a de "século", não existe no pensamento subsaariano pré-colonial. As duas são empregadas aqui porque são convenções. Os subsaarianos tinham maneiras diversas de fracionar o tempo. Tinham diversos calendários. Seria complicado nos referir a eles, já que nenhum se impôs em todo o continente.

Originária de Offa, situada no atual estado de Kwara, na Nigéria, Moremi era a esposa de Oranmiyan, *ooni*, ou rei, de Ifé. Sua beleza era considerada deslumbrante e famosa em toda a região. E isso não é apenas um detalhe. A cidade de Ifé era regularmente atacada por um povo vizinho, os ugbos.[27] Eles aterrorizavam a população, saqueavam o grande mercado no coração da cidade, capturavam pessoas e as reduziam a escravos. Quando os ugbos apareciam, sua aparência terrível fazia com que a população de Ifé, paralisada pelo medo, acreditasse estar vendo criaturas sobrenaturais. Para achar uma solução, Moremi foi consultar Esinmirin, orixá[28] do rio de mesmo nome. A divindade aceitou ajudá-la, contanto que a *oloori*, ou rainha, autorizasse um sacrifício quando a guerra contra os ugbos fosse vencida. Moremi não pediu mais detalhes, feliz pelo fato de o rio ter lhe revelado uma estratégia de combate. Ao voltar a Ifé, ela compartilhou o plano com o marido, que o aceitou. Assim, Moremi se misturou também aos comerciantes do grande mercado de Ifé e, quando os ugbos voltaram a atacar, foi uma das mulheres raptadas. Surpreendentemente, já que sua beleza era conhecida em toda a região e ela era, além de tudo, a rainha de seu povo, Moremi não foi reconhecida. E, assim que chegou ao território ugbo, foi apresentada ao rei, que se apressou em fazer dela uma de suas esposas.

Não sabemos quanto tempo Moremi Ajasoro ficou na corte do soberano ugbo. Mas o homem, que a amava e confiava nela, revelou a verdadeira natureza dos agressores que devastavam Ifé continuamente. Longe de serem criaturas sobrenaturais, eram humanos como os outros, que apenas usavam uma fantasia feita de ráfia. Assim que obteve a informação que permitiria que seu povo vencesse seus agressores, Moremi fugiu e voltou à corte de Ifé. O *ooni* a recebeu de braços abertos, a escutou, e seu plano foi posto em prática. Como a ráfia era inflamável,

---

27  Não confundir com os igbos, também chamados de ibos. O reino de Ugbo ficava no estado de Ondo, no sudoeste da Nigéria. O estado de Osun, onde se situa Ilê-Ifé, fica na mesma região. Os dois pertencem à Iorubalândia. Já a Ibolândia ocupa uma parte do leste da Nigéria atual.

28  Divindade do panteão iorubá. Muito conhecidos no Brasil e em Cuba, onde a cultura sobreviveu à deportação transatlântica, os orixás também são venerados pelos povos edo, da Nigéria; jeje, de Gana, Togo e Benim; e fon, do Benim. Eles às vezes são chamados de "voduns", especialmente no Togo e no Benim.

ele decide pôr fogo nos assaltantes ugbos quando eles voltassem a atacar. As mulheres do grande mercado foram convidadas a se munir de lanternas feitas com galhos secos e bolas vegetais, que seriam acesas e lançadas sobre os agressores. Os ugbos foram destruídos e desmitificados. Moremi voltou então a procurar a orixá do rio Esinmirin para agradecer pela ajuda que ele tinha dado. Para garantir a paz ao povo de Ifé, a divindade exigiu o sacrifício de Oluorogbo, o único filho da rainha. Logo depois disso, uma celebração chamada Edi foi criada para homenagear a rainha Moremi, que doou o que tinha de mais caro para que seu povo vivesse livre e em paz.

Como já mencionamos, Moremi Ajasoro é um ícone entre os iorubás, que veem nela uma heroína, uma combatente pela liberdade, uma encarnação do patriotismo e da coragem. Como sempre, sua lenda é repleta de perguntas sem resposta, provavelmente porque não é parte da História, e sim uma alegoria com arcanos que apenas os iniciados dominam. Se pensarmos de maneira estritamente fatual e ousarmos fazer uma leitura mais racional, seria possível questionar o método empregado para espionar os ugbos. Moremi não é qualquer pessoa: ela é esposa do soberano de Ifé. Ele basicamente autoriza uma estratégia que consistia literalmente em prostituir sua mulher com o objetivo de obter informações. E realmente é por causa de sua grande beleza que é sequestrada, podemos ter certeza disso. Sabemos também que o governante dos ugbos ia notá-la, querer possuí-la. Era o que eles queriam e o que acontece. É pela própria vontade, diz o mito, que a rainha corre o risco de ser capturada. Intrépida, ela quer infiltrar o inimigo, e seu pedido não é questionado. Nenhum homem se oferece para fazer isso em seu lugar: eles têm medo demais dos ugbos e, sobretudo, da captura e da escravização.

Ao se tornar esposa do rei ugbo, Moremi ganha sua confiança e o trai. A guerra é vencida graças à sua iniciativa, mas as coisas não param por aí. A orixá exige o sacrifício de seu único filho. Assim, o título de heroína se torna incontestável. Comparada a outras mulheres que ganham esse título no continente, Moremi parece deslocada. O que mais a diferencia é o fato de usar seus charmes para enganar o adversário.

O caso é raro na África subsaariana, região de rainhas guerreiras, terra de combatentes diretas e determinadas. No entanto, Moremi não foi a única subsaariana a ter seduzido para conquistar e, com seu gesto, influenciar o destino de um povo. Essa parte da história é igual à de Nana Triban, do império mandingo do século XIII. Nana Triban foi irmã de Sundiata Keita, famoso imperador do Mali, e seduziu Sumaoro Kante, o inimigo de seu irmão, para arrancar dele o segredo de sua invencibilidade. Ela comunicou sua descoberta ao irmão, indicou-lhe a melhor estratégia de combate. Assim, Sundiata venceu seu inimigo e fundou o império do Mali. A epopeia mandinga contém várias figuras femininas cuja ação se revela decisiva, mas, ao contrário de Moremi, elas não são heroínas da história. E, claro, podemos nos perguntar que glória existe em entregar à morte uma criança. Mesmo quando o sacrifício é consentido para agradar uma divindade, podemos questionar a decisão.

A impressão que a lenda de Moremi deixa é a do sacrifício da mulher por ela mesma. É por esse motivo que toda leitura literal é pouco satisfatória. Os autores nigerianos que se apropriaram desse mito, aliás, muitas vezes o reescreveram, procurando romper os silêncios da história através de acréscimos, dar mais clareza a seu recado político. De forma geral, a lenda tem o aspecto de uma narrativa, mas não é exatamente uma história. Em torno de um núcleo verídico que pode se revelar fraco, ele agrega elementos imaginários, um tipo de linguagem codificada. É preciso transmitir uma mensagem que o discurso não consegue explicar direito, daí o recurso às imagens, às figuras arquetípicas. Dessa forma, criamos uma prática de caráter ritual que tem por objetivo mobilizar as forças do grupo em que o mito nasceu:

> O ritual protege o dinamismo do mito porque o faz mais viver do que pensar. Um ritual bem vivido, isto é, bem aplicado, resguarda a força viva do mito e permite que nos beneficiemos de sua ação estimulante. (Thiam, 1978)

O mito, em princípio, não deve ser apenas contado, pois colocá-lo em palavras pode empobrecê-lo. Ele tem que ser objeto de uma concretização que, ao implicar os corpos, permite transcender o discurso e acessar outra dimensão, mais profunda. Na época em que a lenda de Moremi foi criada, foi possível proceder de certa maneira tanto para exorcizar os medos, cuidar das feridas psicológicas causadas pelos ataques dos vizinhos e celebrar uma vitória que teve um preço alto. O que é apresentado como um infanticídio não deveria ser visto como um sacrifício feito apenas pela rainha. É possível considerar o assassinato da criança como a imagem usada para restituir a experiência da comunidade em um dado momento da história. O filho de Moremi não é apenas dela num ambiente subsaariano. O fato de se tratar de um príncipe, destinado a reinar um dia, aumenta o valor dele aos olhos do grupo. Moremi e as pessoas que a cercavam representam o Estado. Toda sua história implica a presença de personagens de alto nível social. Fora a divindade do rio, apenas eles têm nomes.

O que a lenda não conta, o que ela se recusa a enunciar e, no entanto, é a razão de ser dela, se a considerarmos como um mito secundário,[29] é a natureza exata das provas que a comunidade enfrentou, especialmente os conflitos que ela teve que apaziguar. Como diz o provérbio subsaariano: *When there is no enemy within, the enemy outside cannot hurt you* [Quando não há inimigo dentro de nós, o inimigo exterior não pode nos machucar]. Ou seja, é, sobretudo, por dentro que as sociedades são fragilizadas. Algumas imagens do mito sugerem que, na realidade, elas veiculam outra coisa. A ráfia não é um material desconhecido, e os iorubás com certeza a conheciam — a ideia de que não a conheciam é ridícula. Estamos falando de um grande povo subsaariano, que se apresenta como parte de uma linhagem divina. Isso não o protege de tudo. A deportação transatlântica, por exemplo, não poupou esse grupo humano. Mas sua cultura não enfraqueceu e as Américas carregam a marca poderosa da espiritualidade iorubá. É difícil acreditar que a estratégia ugbo tenha impressionado tanto os moradores de Ilê-Ifé. Podemos até nos perguntar se os ugbos eram realmente estrangeiros.

---

29  Um mito que não relata a origem do mundo, mas ainda assim é fundador porque evoca eventos que permitiram que um povo continuasse habitando seu ambiente. Neste caso, não assistimos ao nascimento do povo em si, mas ao confronto dele com a morte.

Uma versão menos conhecida da lenda de Moremi dá a entender que, ao voltar do país ugbo, as outras esposas do rei não gostaram do fato de o *ooni* tê-la recebido calorosamente e lhe restituído o primeiro lugar. Isso não pode ser comprovado, mas é totalmente plausível que essas rivalidades tenham existido na corte e desde o início. A grande beleza de Moremi, que é sua vantagem na narrativa mítica, com certeza provocava ciúme. O fato de ela ter voltado às graças do *ooni* depois de ter se oferecido a outro homem, quando todas esperavam que isso causasse sua degradação, não deve ter acalmado as tensões. Não precisamos imaginar que as outras esposas enciumadas tenham sido culpadas do assassinato de uma criança. Outra versão, também oficiosa, fala de uma rivalidade entre os dois reis, que disputavam a mulher mais bonita, Moremi. Nessa lenda apócrifa, o soberano ugbo teria sido amante de uma Moremi absolutamente disposta, que teria ficado com ele por certo tempo. Neste caso, também não podemos afirmar nada. Nosso objetivo não é chocar as pessoas para quem a lenda é História, e achamos que o sacrifício é uma metáfora cujo segredo precisamos ainda revelar. No entanto, podemos conceber que o governo iorubá estivesse em risco por motivos próprios à comunidade e que o mito relate, numa língua codificada, não apenas o que aconteceu, mas a maneira como isso foi resolvido, ao menos em parte. E, já que ninguém mais age para criar significados além das palavras, restam apenas a narrativa e as indagações sobre ela.

Hoje, a história da rainha Moremi é mais uma lenda do que um mito propriamente dito, apesar de ter aspectos dos dois. Ela conserva todo seu mistério, e muitas vezes os contadores omitem que os ugbos eram também iorubás. Ao menos os de hoje dizem ser — e basta ler um mapa da Nigéria para constatar a proximidade geográfica deles com Ifé. A lenda iorubá opõe então duas comunidades irmãs, que nunca divulgaram sua verdade, mas continuam honrando essa rainha do passado. Imaginamos que tenha havido um consenso entre iorubás para que a estátua da rainha fosse erigida em Ilê-Ifé. O que podemos entender e apreciar é que uma mulher encarna um momento considerado crucial para a nação iorubá, que essa mulher também era mãe e que a divindade da água que exigiu o sacrifício da criança era feminina. A partir disso, o infanticídio pode ter um significado oposto àquele veiculado pela simples menção da preciosa oferenda feita ao rio.

Mas não precisamos ter pressa para levantar a hipótese que já surge. Antes disso, vamos examinar outra história que tem uma parte de lenda: a de Abla Poku, primeira rainha dos baúles, que contém certas semelhanças com a de Moremi Ajasoro. As duas mulheres são ícones dos povos que as reivindicam, mas a primeira é mais frequentemente citada. Sua lenda emociona, abala, tanto que ela se tornou a história verídica do nascimento dos baúles da Costa do Marfim. A rainha Poku figura no panteão de ancestrais feministas que certas subsaarianas querem criar a todo custo. Awa Thiam a convoca já nas primeiras palavras de sua introdução a *La parole aux négresses* [A palavra às negras], quando incita as negro-africanas, denominação criada por elas, a lembrarem que elas tinham, em outros tempos, "direito a dar sua opinião quando decisões de grande importância deviam ser tomadas" (Thiam, 1978). Vamos então analisar se foi a opinião da rainha que chegou até nós e se é graças a ela que Poku poderia alimentar uma outra língua das mulheres, uma linguagem que faria as subsaarianas ocuparem um espaço confortável na consciência universal e restauraria sua autonomia intelectual.

Era o século XVIII, no poderoso império axanti. O *asantehene* Osei Tutu, fundador da federação axanti, acabara de se juntar a seus ancestrais. Dois clãs se enfrentavam para sucedê-lo, liderados por Daaku, irmão da futura rainha Poku, e Opoku Ware, seu primo. Durante as batalhas pelo poder, Daaku acabou perdendo a vida. Sem querer continuar uma guerra fratricida, Abla Poku decidiu deixar o país e resolveu levar com ela os fiéis ao príncipe falecido. Com isso, a cisão entre clãs axantis foi confirmada. Quando o êxodo começou, Abla já era uma mulher de idade mais avançada, já que devia ter pelo menos 40 anos — praticamente a terceira idade naquela época. Algumas tradições, que a apresentam como uma mulher ainda mais idosa, a chamam de *abrewa*, ou "a velha dama". Se seu irmão tivesse reinado, ela teria tido na corte *status* de rainha-mãe — cargo que não fazia referência à genitora do rei, mas a uma mulher influente e de certa idade. A jornada de Poku e dos mais próximos dela dura vários anos e os faz atravessar uma floresta inóspita de Kumasi, ilustre capital do império axanti, até a região de Bouaké, na atual Costa do Marfim.

Durante essa marcha difícil, aquele grupo, que não era baúle, e sim formado por axantis sem-terra, perseguidos pelo novo *asantehene*, se alia a outras populações. E, realmente, eles tiveram que atravessar territórios povoados. Mas o que mais nos interessa — e é pouco destacado quando a história do êxodo é contada — é o lugar das mulheres entre os fiéis à "velha dama". Todas faziam parte de sua família e tinham papéis importantes porque chefiavam as comunidades. Vamos citar as mais conhecidas, que não foram as únicas: Tano Adjo, que, pelo que sabemos, se estabeleceu depois em Tiassale, a pedido de Abla Poku, para proteger aqueles que seguiriam caminho. Podemos citar também Akwa Boni, que fundaria Walèbo, onde se encontra Sakassou, capital do reino baúle. Em torno desse território, ela instaurou vilarejos defensivos e conquistou terras que acabaram por ampliar o reino baúle. Akwa Boni é conhecida pela autoridade, pela capacidade de acolher, mas também de submeter e castigar. Ela é a segunda das grandes rainhas baulesas e algumas pessoas a consideram a verdadeira fundadora do reino.

O fato de citar essas mulheres confere outro aspecto ao êxodo dos baúles. A marcha foi realizada sob a égide e a autoridade de mulheres que também eram combatentes. Mas as mulheres que tornaram Abla Poku uma ancestral feminista das subsaarianas de hoje não mencionam essas outras mulheres. Devemos dizer que, na verdade, estamos muito longe do feminismo que existe apenas através da elaboração de uma ontologia feminina essencialmente vitimista, e retira das envolvidas a consciência de seu valor como seres soberanos. Essa não era a imagem que Abla Poku e suas irmãs mais novas tinham de si mesmas, elas não são integrantes do segundo sexo. Essas mulheres assumiram suas responsabilidades, suportaram o sofrimento do êxodo em ambientes hostis, agiram como políticas inteligentes porque negociaram com as comunidades encontradas ao longo do percurso. Sua autoridade nunca foi contestada. Porém, homens faziam parte desse povo que andava em direção ao desconhecido. Alguns também eram nobres; outros, guerreiros. Podemos fazer valer os direitos de seu sexo, se é que essa concepção possa ser imputada a eles.

As crônicas não mencionam nada disso. Nenhum complô masculino foi criado para destituir as mulheres. Durante todo o êxodo, elas foram a bússola, o farol na escuridão. As comunidades que elas fundaram ainda existem e honram sua memória. Ao deixar suas sobrinhas em diversos lugares e encarregá-las sempre de uma missão precisa, Abla Poku avançava, porque seria no lugar em que ela erigiria sua casa que o povo baúle nasceria. Não é isso que a maioria das pessoas salienta ao contar a história da rainha Poku. O perigoso êxodo é lembrado, claro, mas é apenas nos vilarejos baúles que os detalhes são mencionados, que as importantes figuras femininas são citadas. No entanto, o século XVIII, época desses eventos, foi um período agitado no golfo da Guiné. Foi nessa época que a deportação transatlântica ganhou força, semeando a desolação nas regiões atingidas por ela. E era preciso proteger dela a comunidade nômade crescente, já que outros grupos foram se juntando aos fugitivos axantis. É raro vermos menções às muitas populações que fugiam das terras subsaarianas para escapar do tráfico humano transatlântico.

As palavras de Abla Poku chegaram até nós, mas os fatos falam por ela. Só imaginar o contexto no qual a primeira rainha dos baúles vivia para se dar conta das qualidades que ela precisou demonstrar. No entanto, não foram os méritos concretos dessa mulher e das que a cercavam que fizeram dela uma figura mítica da história subsaariana. Foi o sacrifício de Kuaku, o único filho da "velha dama", que, segundo a lenda, foi concebido mais tarde, quando sua mãe não esperava mais dar à luz. Segundo ideias divertidas de um amigo marfinense sobre o assunto, dizem também que a rainha Pokuera era "papa-anjo", ou seja, que seu companheiro da época era muito mais jovem. Ela tivera outros, mas teria engravidado graças àquele homem, depois de chegar à maturidade. Esse aspecto de sua vida também nos interessa, já que sugere a maneira como Abla Poku foi mulher na intimidade, a liberdade que tinha de ser uma "velha dama" e ter uma boa vida sexual com um jovem amante.

Por saber disso, nos surpreendemos ainda mais com o fato de a rainha Poku ter sido consagrada pelo sacrifício do filho, apesar de seu percurso ter sido tão rico. Algumas pesquisadoras marfinenses não têm pudor de questionar o fato de ela ter gerado um filho. Nas palavras de uma delas, lemos:

> A lenda da criança sacrificada aos espíritos do rio Komoé, que a tradição oral usa para justificar a autoridade de Abla Poku sobre todos os assabus, é uma lenda que respeitamos, mas é apenas uma lenda.
>
> Na verdade, a rainha Abla Poku devia ser sexagenária na época do êxodo [...]. Por isso, ela não podia ser mãe de uma criança pequena. (Perrot, 2019)

Essas palavras nos convidam a respeitar ainda mais uma mulher dessa idade, que deu início a uma marcha pela floresta para que seu povo chegasse a um lugar seguro. Ao ler essas frases, acabamos por questionar a lenda e lê-la como uma narrativa não mentirosa, mas codificada. O que é dito esconde o que é preciso entender. Vejamos então o que traz a lenda e o que ela pode significar.

Para alcançar a região de Akawa em que se estabeleceriam, a rainha Poku e seu povo precisavam atravessar o Komoé, rio que corre pela área que hoje forma a Costa do Marfim e Burkina Faso. O curso d'água era muito forte, o que tornava a travessia impossível. Era preciso apaziguar o espírito do Komoé. O adivinho real foi, então, convocado para interrogar o rio. Para que as águas tumultuosas se acalmassem e permitissem a passagem, era preciso oferecer o que eles tinham de mais caro. Todos se apressaram para levar ouro e outros materiais preciosos até o rio. Mas ele rejeitou tudo aquilo e se tornou ainda mais caudaloso. O vidente ouviu com atenção para entender melhor a solicitação. E não haveria alternativa a ela: seria preciso sacrificar uma criança ao Komoé.

Todas as pessoas do grupo olharam uma para as outras para saber quem ofereceria seu filho. E todas desviaram o olhar. No entanto, era preciso passar por aquelas águas. Aquele era o preço para que ganhassem um novo território. Diante do silêncio e da reticência de seu povo, Abla Poku não hesitou. O filho da rainha foi oferecido ao Komoé, que imediatamente se acalmou. Segundo uma versão da lenda, as árvores vizinhas se deitaram para ajudar os baúles a atravessar as águas. Segunda outra, hipopótamos apareceram para que eles subissem em suas costas. Às vezes, os dois fenômenos aparecem, pois é preciso destacar a importância daquele momento. Talvez o Komoé tenha aberto suas águas para deixar passar o povo de Poku.

É com esse episódio que a História desaparece para dar lugar ao mito, a um discurso codificado. Sem querer ofender quem vê nesse acontecimento surreal um fato histórico, as imagens usadas nesse mito nos convidam a questioná-lo. Como na lenda de Moremi Ajasoro, o infanticídio real chega como uma surpresa. É depois de ter caminhado por muito tempo e deixado Tano Adjo em Tiassalê para proteger o grupo que a rainha Poku tem que sacrificar o filho. É preciso garantir que eles não serão capturados pelo *asantehene*, que a persegue tal Ramsés perseguiu os hebreus. É também porque ele mandou seus homens atrás dos fugitivos que é preciso atravessar o Komoé. Eles não podiam voltar, não conseguiriam modificar o trajeto, não fariam uma pausa para ver se o rio se mostraria mais clemente no dia seguinte...

O que pode simbolizar esse filho sacrificado? Talvez exista uma maneira de decodificar a alegoria que seja restrita aos baúles. O que podemos supor, ao examinar os elementos da parte lendária da história desse povo, e que se aplica também às dos iorubás, é que o assassinato da criança deve ser entendido de maneira sutil. Em primeiro lugar, é importante destacar que a morte, para muitas populações subsaarianas, não é o fim da vida. Ela é o início de uma continuação que segue modalidades diferentes, em outro plano vibratório. Morremos para viver outra vida. Além disso, a água não é um símbolo da morte — pelo contrário. Associada ao feminino que domina as duas histórias, ela remete à fecundidade, à vida, à purificação, à regeneração.

Os infanticídios alegóricos apresentados aqui evocam momentos de crise dos grupos humanos mencionados, provas que precisam ser enfrentadas para que eles possam se renovar e até se reinventar. A criança real, pelo próprio *status*, representa toda a comunidade. É então ela que morre através deles — não para desaparecer, mas para acessar uma vida nova. No momento em que a rainha Poku atravessa o Komoé, ela diz adeus ao império axanti, local em que estavam suas raízes, para entrar com seu povo em um novo espaço que eles terão que habitar de maneira plena. Quando Moremi Ajasoro encontra sua casa adorada — "Ilê-Ifé", no sentido literal da palavra —, seu povo, livre do inimigo que o aterrorizava, tem pressa de experimentar a liberdade, uma existência despida de medo. Mesmo que o renascimento pareça mais evidente em um dos casos, ele ainda assim é eficaz. As oferendas aos rios solucionam as dificuldades mais dolorosas, um ciclo de morte que elas vêm encerrar. Elas simbolizam as feridas infligidas pela História, são provas do que sacrificamos para ter autonomia e liberdade.

Moremi teve que deixar sua região por um período indeterminado e se oferecer a outro homem para descobrir o segredo dos ugbos. Durante o tempo em que ficou entre esse povo, o grande mercado de Ifé foi, sem dúvida, pilhado e a população capturada e reduzida à escravidão — muitas vezes. Abla Poku liderou um êxodo de vários anos para encontrar uma terra capaz de abrigar seu povo. Para as duas comunidades, foram períodos de grande desequilíbrio e de profunda incerteza. Um confronto com as trevas. As rainhas podiam ter morrido durante esses esforços. No entanto, elas triunfaram. Cumpriram a missão protetora das mulheres. Os infanticídios — que talvez não tenham acontecido no sentido estrito — podem ser vistos como um processo discursivo que visa reconhecer, ao mesmo tempo, o sacrifício dessas mulheres pela comunidade e o acesso que elas ofereceram a uma vida tranquila. O oeste africano, região dessas personalidades femininas, é uma terra de máscaras, um ambiente acostumado à codificação do discurso. Certas coisas não são enunciadas de forma direta, e a exposição de alguns fatos é feita fora do âmbito da linguagem.

A história de Abla Poku é a mais precisa, apesar dos não ditos, pois aconteceu em uma época mais próxima de nós. Não é apenas por causa disso que ela deve ter lugar de destaque nas narrativas de mulheres sempre que falarmos do espaço subsaariano. Abla Poku provavelmente não teve filho nenhum, mas foi a iniciativa dela que pariu um mundo que outra mulher, Akwa Boni, guiaria até a maturidade. A "velha dama" foi mais do que a rainha-mãe que teria sido ao lado de seu irmão Daaku. Ao contrário de Moremi, ela não se tornou rainha por ter casado com o rei. É por sua coragem e sua determinação, demostradas ao longo de um êxodo de quatro anos, que ela mantém sua presença em nossa lembrança. Abla Poku foi feminista antes mesmo da criação do conceito? Para afirmar isso, seria preciso provar que ela teve que enfrentar um poder masculino opressivo e quis obter a igualdade entre mulheres e homens. Mas parece que ela simplesmente assumiu sua responsabilidade e carregou consigo todo um povo, porque não havia nada de anormal nisso,[30] apoiando-se em pessoas em quem confiava. Por acaso, elas eram mulheres, mas não mulheres quaisquer: as sobrinhas da rainha Poku pertenciam à nobreza. O poder que elas exercem era garantido a elas a partir do nascimento, e não era contestado por homens de nenhuma camada social. Todos as seguiram. A contribuição das histórias de Moremi Ajasoro e Abla Poku para a outra língua das mulheres é a cultura da autoconfiança, a coragem para correr riscos, a determinação de alcançar seus objetivos.

> No teatro da memória, escreve Michelle Perrot, as mulheres são uma leve sombra.
> A narrativa tradicional dá pouco espaço a elas, pois privilegia o público — a política, a guerra — em que elas aparecem pouco. (Perrot, 2019)

A África nega essas ideias desde a Antiguidade de Amanirenas, Amanishakheto e Amanitore, as candaces de Meroé[31], cujos nomes atravessaram milênios para que continuassem sendo enunciados até hoje. Estendendo-se por toda a transversal africana que vai do Atlântico ao Mar Vermelho, passando pelos atuais Níger, Chade e Darfur

---

30   Sobretudo para uma mulher que teria o título de "rainha-mãe" se a guerra não tivesse acontecido. De maneira geral, uma mulher assim já tinha chegado à menopausa, que a libertava de obrigações às vezes impostas àquelas que ainda podiam dar à luz. No entanto, o fato de menstruar não devia ser impeditivo, pois as sobrinhas de Abla Poku, que a ajudaram, eram mais jovens.

31   Outro nome do reinado de Kush (alta e média Núbia). A ilha de Meroé, que fazia parte dele, se tornou uma das apelações genéricas de todo o território.

— para citar apenas esses territórios—, o império delas chegava até os maciços da Abissínia. Influências africanas, mediterrâneas e asiáticas se misturavam ali (Vercoutter, 1962). Elas foram ao mesmo tempo governantes, combatentes, construtoras, mães e esposas. Amanirenas, a candace caolha, perdeu um dos olhos no campo de batalha, o que não a impediu de acabar com os invasores romanos. Ela é representada com o gládio na mão, enfeitada de joias, com as formas opulentas e os seios nus, impondo-se ao espectador enquanto submete o inimigo. Feminilidade e poder político. Força de geração e competência militar. Muitos consideram que ela sabia ler. E Meroé realmente tinha um sistema complexo de escrita que os pesquisadores passaram décadas tentando decifrar. Desse insondável mistério, nomes de mulheres chegaram até nós. Como as outras candaces, Amanirenas não fazia parte da sororidade do segundo sexo. Ela nem teria entendido o sentido dessas palavras, pois vivia em um mundo em que as mulheres podiam ser muito fortes. Ao contrário do que costumamos observar no estudo dos tempos antigos, a do Egito, por exemplo, era bastante inovadora:

> Na política, surgiu um fenômeno novo, do qual não temos vestígios anteriores incontestáveis: a coroação de rainhas como soberanas efetivas, as Candaces. Ao contrário da situação que prevalecia no Egito antigo, em que o faraó era obrigatoriamente um homem e as raras rainhas ascendiam ao trono por causa de circunstâncias excepcionais [...], em Meroé elas aparentemente gozavam de uma legitimidade igual à dos reis. Elas eram, inclusive, representadas como mulheres, às vezes armadas, massacrando os inimigos [...]. Nos textos meroíticos, elas são chamadas *qore* ou "soberana", além de seu título de *kdke*, "candace". (Rilly, 2010)

O império das candaces não era uma ginocracia. No governo delas, os homens eram encarregados da gestão administrativa e dos cultos. Eles não eram relegados à desonra por causa de seu sexo. Essas ancestrais deveriam ter espaço na memória das mulheres, ser referência. Apenas a África gerou dinastias de grandes rainhas como elas. Apenas a África poderia nos fazer relembrar o passado das civilizações humanas através da figura de uma mulher peituda, de gládio na mão, que ostenta, sobre os seios nus, as mais refinadas joias. Nenhuma teoria política, nenhum sistema de pensamento contém tanta força quanto essa representação. Em nosso continente, as mulheres foram tudo o que um humano pode querer ser. Elas foram luz e sombra e, às vezes, as duas coisas. Sem elas, simplesmente não há História.

# ASSENTO REAL

Vamos agora ao encontro de uma rainha tão ou mais famosa que Abla Poku, pois seu nome é um dos mais mencionados fora do continente africano, e há muito tempo. Para os subsaarianos e afrodescendentes, uma imagem específica tornou famosa essa mulher que, aos olhos da maioria, encarna o poder. A cena, que data do início do século XVII, é muito conhecida: Nzinga Mbandi, princesa do Dongo, a região que um dia seria Angola, tinha que conversar com os emissários da Coroa portuguesa. Para a época, ela não era mais jovem, estava com 40 anos. Na ocasião do encontro com o vice-rei de Portugal, durante a qual eles debateriam as condições de paz, uma cadeira não foi prevista para ela. Ela teria que se sentar no chão — numa almofada de veludo — ou ficar em pé. Seu interlocutor era homem, sentado em uma cadeira confortável e branca, uma característica que lembrava especialmente a visão que as pessoas de seu país tinham deles mesmos. O que estava em jogo era maior do que os indivíduos ali presentes. O objetivo era determinar o *status* dos grupos humanos. Ao menos, é isso o que podemos supor ao ver os desenhos feitos após o encontro, que não nos permitem medir a complexidade da diplomacia imperialista: longe de lhe faltar com o respeito, os portugueses, conhecidos por humilhar os governantes da região, reservaram para Nzinga uma recepção luxuosa, digna de uma representante de um grande monarca. O esboço não demonstra isso. Ele apenas lembra o estado da geopolítica da época.

Na verdade, várias bulas emitidas pelo papa Nicolas V a partir de 1452 autorizaram os portugueses a tomar as posses dos não cristãos, quem quer que eles fossem. Eles atacaram essa parte do continente africano com uma violência nunca vista, antes de começar a negociar com os governos locais e até a estabelecer alguns desses regimes parceiros por completo, deixando como responsáveis por eles governantes fantoches que lhes serviriam. Segundo a lógica imperialista da *terra nullius*, Nzinga, a representante de Ngola[32] Mbandi — o rei, seu irmão — não tinha direito nenhum sobre suas terras. O que estava em jogo era importante. A princesa não ia apenas tomar um chá. Ela, claro, entendeu imediatamente o que a ausência de cadeira significava, já que seu interlocutor estava confortavelmente instalado. Mas Nzinga não se abalou, não exigiu que alguém lhe trouxesse uma cadeira nem deixou o local. Em vez disso, olhou para uma das mulheres de sua comitiva, que correu até ela e se abaixou, postando-se sobre os cotovelos e joelhos. A mulher que, na época, ainda era apenas uma princesa — porque ainda não havia envenenado o irmão — sentou-se nas costas da empregada. O famoso desenho que imortalizou esse momento apresenta a subalterna de quatro. Não há outra maneira de explicar a cena.

Quais dessas mulheres encarna o poder? A futura rainha que afirmou sua autoridade e sua legitimidade naquelas terras? A escrava sem a qual não haveria soberana, apenas um ser inferior que os estrangeiros queriam submeter? O poder emana do terceiro corpo que essas duas mulheres formaram juntas? Para isso, seria necessário que um acordo tivesse sido firmado entre elas... Seria necessário que tivesse sido estabelecido um vínculo de sororidade como o que podia existir entre jovens da mesma idade em várias sociedades subsaarianas, uma relação que deveria resistir ao tempo e às diferenças de *status* social. Mais que um equilíbrio, uma igualdade fundada no reconhecimento de uma pela outra. Adoraríamos pensar que, uma vez as negociações terminadas, a rainha teria abraçado sua cúmplice para agradecer. Seria ótimo se tivessem trocado palavras afetuosas, talvez uma piada sobre aqueles portugueses que se achavam muito inteligentes, extremamente espertos, aos quais outros truques seriam aplicados. Nzinga se considerava igual aos invasores, não a uma escrava que podia condenar à morte, prerrogativa real da qual ela não se privaria após a coroação. Qual dessas mulheres encarna o poder? A que não tinha por que invejar os homens, de onde quer que eles fossem, ou aquela para quem a igualdade entre homens e mulheres nem chegava a ser um assunto? A cena não diz.

---

32    Ngola era o título dos reis do Dongo. É dessa designação que vem o nome Angola.

No entanto, a História respondeu a essa pergunta que nos obceca. A História se lembra apenas do nome da rainha, não da mulher que, ao oferecer seu corpo, seu silêncio e sua resistência, permitiu que um povo não fosse humilhado. E, se a História aplaudiu apenas Nzinga, foi porque a palavra feminina mais clara tinha passado a ser habitada pela centralidade do masculino. Nzinga foi gloriosa porque desafiou os homens, venceu-os no jogo deles. Ela tem lugar de destaque entre as muitas rainhas-guerreiras que o continente africano produziu, mas se distingue pela crueldade em relação aos súditos e por suas extravagâncias. Ela liderou exércitos em batalhas até uma idade avançada e também foi marcante:

> [...] pela vontade de ser vista como um homem e não mais como uma mulher pelas pessoas mais próximas a ela e por seus apoiadores. Ela começou ao se casar com um homem [...] que obrigava a se vestir de mulher. Ela falava dele como se fosse uma mulher e lhe pedia para que se dirigisse a ela como se fosse um rei e não uma rainha. (Heywood, 2018, p. 150)

A historiadora Linda Heywood, que escreveu essa citação, acrescenta que, durante o casamento, Nzinga tomou para si outros concubinos — que deviam se apresentar vestidos com as mesmas roupas usadas pelas guarda-costas que a cercavam. Todos — homens e mulheres a serviço dela — deviam dormir juntos, mas não se tocar, e ela punia com a morte ou a esterilização mesmo esbarrões acidentais. Os corpos lhe pertenciam, e só podia haver sexualidade se o objetivo fosse satisfazer seus desejos. Logo, não se tratava de hedonismo nem mesmo de sensualidade, mas do gozo exclusivo do corpo e da decadência dos homens e mulheres que ela destinava a esse uso. Tal como o falocrata mais delirante, Nzinga vomitava o feminino. É impossível afirmar o contrário sem defender uma ideologia, sem atingir os limites extremos da má-fé. Lembramos que foi uma das mulheres que a acompanhava, não um homem, que teve que lhe servir de cadeira. Nos fatos que acabamos de relatar, o desprezo dela pelo feminino se manifesta na maneira como rebaixava os homens que tinham que compartilhar a cama com ela, que eram obrigados a se vestir de mulher, e, sobretudo, no seu desejo de ser considerada um homem. Uma bissexualidade tranquila, feliz, à procura do prazer e não da dominação, a tornaria mais interessante. Na ausência de alegria durante a prática do sexo, nessa necessidade de se apropriar dos corpos mesmo quando eles dormiam, aparecem apenas as desordens de um espírito perturbado.

A história de Nzinga Mbandi é exatamente a de uma mulher que tinha contas a acertar com os homens, o que não pode ser fonte de poder. É muito pouco provável que essa vontade de degradar os homens tenha ajudado a causa coletiva das mulheres. Na verdade, limitar-se a inverter os papéis para assumir o do dominante e reproduzir os danos causados por ele é se rebaixar. A paixão das feministas subsaarianas por essa personalidade — que elas situam à frente de todas as outras ancestrais veneráveis — causa surpresa. Rainha e guerreira, Nzinga se encaixa imediatamente na categoria de *badass*, em que são admitidas algumas mulheres mais masculinizadas, na acepção mais incômoda do termo. O fato de ter resistido diante da invasão portuguesa a absolve de todos os crimes, que são justificados pela cultura — que dispensa moral — ou pelas circunstâncias. O comportamento dessa figura peculiar é a prova irrefutável da existência, na África subsaariana, de uma forma de escravagismo tão cruel quanto a praticada pelos europeus nas Américas — mas essa não é a questão, isso não é analisado, nem mesmo evocado.

No entanto, o que notamos e merece ser destacado é que a invenção da raça, tal como ela é compreendida desde aquela época, é o elemento que distingue os crimes dos europeus na África. E a armadilha em que eles foram pegos. É o maior erro deles, até porque eles não foram, e continuam não sendo, capazes de se livrar do racismo. No entanto, no lugar em que esse veneno foi destilado, no lugar em que seus efeitos perduraram, a História não acontecia entre humanos, mas entre categorias políticas constituídas pela racialização. Não são os sofrimentos impostos a outros humanos que são julgados, e sim o fato de eles terem sido julgados pelas mesmas pessoas que cometeram o imenso erro de racializar os corpos e hierarquizar as raças para justificar seus atos. Nzinga se tornou culpada de crueldades indescritíveis, mas isso não tem o mesmo peso: ela estava resistindo aos invasores, e o mundo que ela encarnava não sobreviveu, não prosperou. Ninguém questiona o que já o consumia por dentro e atraiu para ele essas forças destrutivas.

O que o Marquês de Sade sabia sobre essa rainha subsaariana o levou a evocá-la em um comentário. Por isso, o escritor polêmico fez Madame de Saint-Ange, personagem de *A Filosofia na alcova*, dizer:

> Além disso, console-se, minha Eugênia. Se eles adquiriram o direito de nos negligenciar, porque estão satisfeitos, não teríamos também o de desprezá-los, quando a atitude deles nos força a isso? Se Tibério sacrificou, em Capte, os objetos que tinham acabado de satisfazer suas paixões, Zingua, rainha da África, imolava também seus amantes. (Sade, 1976)

Podemos confirmar que essa soberana banto tinha virado assunto em todos os cantos, muito além das fronteiras de seu reino. Ela era conhecida por ter exercido implacavelmente seu domínio sobre os homens. O autor que usou dessa figura a ofereceu às mulheres de seu país como um modelo de subversão e de igualdade em relação aos homens, mas sobretudo para imitar e até ultrapassar os limites. Não podemos duvidar de que isso tenha nutrido fantasias sobre uma África feroz e sanguinária. A África, não o reino do Dongo, desconhecido no texto de Sade. Para os estrangeiros, o continente africano foi, por muito tempo, um grande país cujos povos eram impossíveis de diferenciar. As mulheres não representavam nada de digno aos olhos de Nzinga. Mulher, ela não tinha nenhuma ideia da existência de uma força feminina e, até seu último suspiro, lamentou o fato de não ter tido um herdeiro homem que pudesse sucedê-la, pois a penas um menino conseguiria preservar seu reino (Heywood, 2018, p. 226). Essa atitude parece muito pouco feminista e tira toda a legitimidade de seu governo, a menos que não a vejamos como mulher — coisa que ela mesma exigia. Claro, podemos detectar em seu desprezo a consciência de que os portugueses, que ela não conseguiu expulsar da região, não teriam respeito por uma mulher. Isso é verdade. No entanto, eles só teriam aceitado um homem se ele tivesse se submetido. Por isso, a questão do sexo do herdeiro, apresentada por Nzinga no fim da vida, não existia, na verdade.

Quanto à escrava anônima, ela foi abandonada em sua cadeira. Nzinga declarou que uma pessoa de seu nível social não utilizava duas vezes o mesmo assento e que deixaria aquele para quem quisesse usá-lo. É o que nos diz o texto de Antonio Cavazzi, que afirma também que a rainha do Dongo deslumbrava por sua vivacidade e sua tranquilidade. A frase de Nzinga também é retomada no trabalho de historiadores como Linda Heywood (2018, p. 83), que, em *Nzinga, rainha de Angola* (2013), o filme que o diretor Sérgio Graciano consagrou a ela em resposta à pergunta de seus anfitriões, perplexos diante da escrava ainda ajoelhada enquanto sua proprietária deixava o local. Ninguém havia ordenado que a mulher se levantasse, seu destino não interessava àquele que, segundo alguns, tinha entranhada em si a preocupação de defender seu povo. Quem eram os integrantes desse povo? A escrava sem nome de Nzinga não era nem uma mulher aos olhos de sua dona. Era apenas um bem móvel, e nem era dos mais preciosos. Entre dominantes e dominados, a sororidade é uma fantasia. Naquela sociedade antiga, as pessoas pertenciam mais a seu grupo social do que a seu sexo, o que não é nada extraordinário. Na verdade, essa visão das coisas transcende o espaço e o tempo.

A universalidade do fenômeno não lhe confere nenhum tipo de nobreza e, para uma soberana que tinha ido até ali defender tanto a humanidade do seu povo quanto o próprio *status*, o desinteresse pelo futuro de sua escrava acaba com qualquer possibilidade de grandeza. Nzinga expôs sua visão do poder: a posse de terras e dos moradores delas. Mas será que ela encarnava o poder assim? Um tipo de poder que as mulheres deveriam buscar? Podemos duvidar disso. O anacronismo que resulta da necessidade de encontrar modelos para as mulheres induz contradições que acabam por se tornar uma forma de autossabotagem. Tirar mulheres famosas do esquecimento, querer revelá-las e até adotá-las não deveria provocar reverência. Dissimular os aspectos problemáticos do percurso delas é desvelar as próprias fraquezas e nos confina a uma posição subalterna.

Essa rainha, que hoje é o orgulho de subsaarianas que não veem o fim do túnel colonial, nunca deixou de submeter seus vizinhos. Aliás, foi assim que manteve o *status* real. Depois de perder o Dongo, território herdado de seus antepassados[33] — e cuja defesa, segundo muitos, foi sua maior vitória —, Nzinga atacou o reino vizinho de Matamba, onde ela havia sido acolhida, e o dominou. O interessante é que a região era governada por uma rainha, que foi retirada do trono depois de ser marcada "a ferro como os escravos" com sua filha (Plancquaert, 1932, p. 46). Sua vida foi poupada por apenas um motivo: a invasora achou que o assassinato da soberana vencida causaria revoltas. Por isso, a rainha Muongo de Matamba pôde conservar uma aparente autoridade sobre uma pequena porção do território que lhe havia sido tomado. Nesse caso, Nzinga se comportou exatamente como os portugueses: ela tomou posse de uma terra que não era sua e deu à governante legítima apenas uma aparência de poder, contanto que aquilo não lhe causasse problemas. Mais uma vez, e isso é óbvio, o motivo pelo qual as legiões de admiradores dela não mencionam esse fato é a raça, um elemento que não favorece a rainha Muongo. Ninguém diz que os portugueses tiveram coragem de deixar seu país, enfrentar os mares e se adaptar às dificuldades de uma região desconhecida do mundo etc. E os africanos tinham razão ao não se submeter diante das audácias cometidas apenas com a predação e a venalidade como objetivos.

No entanto, é impossível não ver que, para muita gente, a cor da pele, num mundo que eles racializaram, confere às ações dos europeus um caráter mais detestável do que as de uma rainha subsaariana que se apropriou do território de outra, destruindo a paz e pisoteando as boas relações para dar início a uma conquista feroz. Se retirássemos o problema racial e abordássemos apenas os fatos em um sentido estritamente humano, que talvez um dia prevaleça, a situação seria simples: essa história envolveria criminosos, predadores. A proveniência do erro

---

33   O primeiro dos ancestrais de Nzinga a ocupar o trono do Dongo foi Kilombo kia Kasenda, seu avô. Ele era considerado um soberano ilegítimo, pois não pertencia à linhagem de Kiluange kia Samba, fundador do reino.

de uns seria mais distante, e ele seria ampliado pela implementação de um sistema que traria consequências enormes por causa das ferramentas que utilizava. Eles seriam apenas novos atores em um ambiente já muito machucado, onde as pessoas não fraternizavam a partir de sua cor. A prova são os vários conflitos que opuseram os reis do Congo aos do Dongo, que muitas vezes faziam acordos com os portugueses para vencer os vizinhos. Os portugueses sempre tiveram subsaarianos em seus exércitos, alguns até por vontade própria, porque sabiam que teriam seus interesses respeitados. É impossível ignorar a questão racial, nivelar as coisas como se a evicção do humano, coisa que a racialização provocou nos subsaarianos, não tivesse acontecido. Não pode haver igualdade no crime entre os que se consideram seres superiores e os que não são vistos como humanos. Ninguém reduz seus semelhantes à escravidão, ninguém coloniza seus pares. O erro dos subsaarianos que se aliaram aos portugueses foi não entender isso, buscar, apenas para eles mesmos, vitórias que seriam tragédias para seus povos. A usurpadora do trono do Matamba não entendeu isso.

Nzinga incluiu mulheres em seus exércitos, o que não era nada extraordinário no continente. Já mencionamos as candaces, as tropas femininas de Mkabayi e as ahosis de Ahangbé, mas muitas outras existiram. Porém, Nzinga submeteu suas soldados a um tratamento específico: elas podiam ser obrigadas a não ter filhos para estarem sempre disponíveis para as batalhas, e também porque seu povo tivera que se esconder na floresta quando ela se tornara uma rainha sem reino. Essa, ao menos, foi a explicação que ela deu ao pedir o sacrifício. A sensibilidade materna só podia existir através da dor para uma mulher cujo filho único havia sido morto quando ainda era recém-nascido, antes de ela se tornar estéril por causa da tortura praticada por seu irmão. Ela cometeu o primeiro infanticídio de sua carreira ao matar o filho e herdeiro de Ngola Mbande.[34] O menino era apenas uma criança, Nzinga havia tomado o poder e, levando em conta seus métodos despóticos, ela

---

34  Segundo Linda Heywood, esse gesto teria sido igual ao de Zundu, outra rainha mbundu, o povo de Nzinga. Assim, não teria sido a primeira mulher a governar a região.

não correria risco de ser destronada caso o deixasse vivo. Para muitas culturas subsaarianas, o filho do irmão que ela havia mandado envenenar também era dela... O infanticídio se tornou um hábito para ela durante seu período jaga, quando a rainha estabeleceu um quilombo[35] na floresta. Naquela época, Nzinga era uma rainha sem reino, já que o Dongo tinha sido tomado dela e os portugueses haviam posto um governante mais maleável em seu lugar. Para a mulher que lutara com todas as forças para se manter no trono do Dongo, podemos facilmente imaginar que ela devia estar se sentindo no fundo do poço. Nzinga se juntou ao povo jaga,[36] conhecido por ser particularmente beligerante. Além de sobreviver à base de saques e aterrorizar seus vizinhos, os novos aliados da rainha vencida tinham práticas singulares que ela aceitou, talvez para garantir que continuaria sendo uma guerreira indomável, que obteria sua vingança no momento certo. Esta foi, sem dúvida, a época mais obscura de sua história, repleta de transgressões espirituais e atos de uma crueldade inominável:

> Ao adotar os costumes dos jagas, ela fez reinar em seu quilombo um clima de horror e terror. O canibalismo e o infanticídio foram institucionalizados. Seguindo o exemplo da fundadora dos ritos jaga, Tembandumba,[37] ela esmagou um bebê em um pilão para fazer um unguento mágico que conferia a coragem de um guerreiro às pessoas. Ela arrancava o coração das crianças que lhe eram entregues e o devorava, ou então nem chegava

---

35   O termo mais tarde seria usado no Brasil para designar os vilarejos criados por pessoas que haviam se libertado da escravidão. No contexto subsaariano, em que a palavra pode ser escrita "kilombo", era apenas um acampamento militar em meio à selva.

36   Jaga foi o nome dado pelos portugueses a um grupo formado por diversos povos de ascendência e hábitos comuns. A apelação é usada aqui por comodidade, pois usar apenas uma das várias designações desses povos não nos parece pertinente.

37   Também chamada de Temba Ndumba ou Tembo a Ndumbo, rainha dos jagas no século XVII, que derrubou a mãe para tomar o poder. A lenda indica que ela matou o próprio filho para dar o exemplo às mulheres de seu povo, depois de convocá-las a matar seus filhos para fabricar o famoso unguento. A população acabou por se revoltar contra essa prática, por isso foram sacrificados milhares de jovens escravos, tirados de povos derrotados em guerras. As histórias também contam que essa rainha caolha, que perdeu o olho em uma batalha, mandava assassinar seus amantes. Tembandumba morreu envenenada por um deles, pelo qual havia se apaixonado.

a esperar que os bebês nascessem: simplesmente estripava as mães para capturá-los. Sempre para satisfazer seus caprichos, ela mandava executar uma enorme quantidade de infelizes e obrigava seus valetes a limparem, diante dela, o sangue derramado com a língua. (Heywood, 2018, p. 83)

Mais tarde, Nzinga se arrependeu de todos esses crimes ao se converter ao catolicismo, pois tinha sido iluminada por Cristo. Nada em sua cultura, na espiritualidade do povo que essas práticas aterrorizaram, tinha conseguido suscitar tamanha contrição. Os analistas parecem não dar nenhuma importância ao fato de a história da rainha de Matamba não permitir chamar a atenção para os aspectos nobres de sua cultura. O fato de uma mulher poder governar, lutar, ter humanos e sacrificá-los não é inédito na África nem uma marca de alto *status*. Não é nisso que está a nobreza. Ao se explicar sobre as atrocidades cometidas, Nzinga diria que foi obrigada pela situação a se tornar jaga. No entanto, não sabemos o que poderia exigir o infanticídio premeditado e repetido, o estripamento frequente de mulheres grávidas e o sacrifício de tantas vidas inocentes. Onde está o heroísmo de uma rainha senão na preservação da vida de seus súditos? A rainha de Matamba foi mesmo guardiã de seu povo se corrompeu os costumes dele, misturando neles processos que a consciência humana absolutamente nunca julgou aceitáveis? A resposta a essa reiterada pergunta é óbvia.

A resistência aos desígnios colonialistas dos portugueses pode sempre ser vista como circunstância atenuante? Uma coisa é sujar a alma, partindo do princípio de que essa degradação consentida faz parte de uma estratégia política, responde a circunstâncias particulares, temporárias. Nesse caso, um governante honrado assume sozinho essa descida ao inferno. Nzinga Mbandi não tinha essa visão elevada de sua missão e acabou por derrubar com ela o povo que dizia proteger. Dadas a sua inteligência e suas qualidades de estrategista, não é possível tentar desculpá-la através apenas da sugestão de distúrbios psicológicos exacerbados pela perda de seu reino. Apresentar isso como uma inovação cultural proposta a seu grupo — como Linda Heywood faz — demonstra um desprezo mais ou menos consciente pela cultura original mbundu, por mais imperfeita que ela fosse. Pouco importa o que Nzinga fez seu povo e outros subsaarianos suportarem, pois a condição comum que a colonização forjaria ainda era inexistente. O importante, o que trouxe a glória a ela, foi ter enfrentado os portugueses.

O fato de ela ter se convertido ao cristianismo e submetido seu povo ao batismo cristão, jurando assim lealdade a um poder estrangeiro, é apresentado como uma tática. No entanto, durante os últimos anos de seu reinado, Nzinga lutou ferozmente contra os costumes de seu povo, chegando a derreter o relicário que continha os restos mortais de seu irmão. Do objeto sagrado para todos, foi feita uma lamparina, disposta em uma igreja que ela havia construído. Nzinga morreu cristã, devota a ponto de chegar ao fanatismo, sem dúvida perseguida por seus demônios interiores. Depois de ter proibido que um funeral tradicional fosse organizado para ela — ordem que foi desobedecida —, ela pediu para ser enterrada com uma túnica que pertencera a seu confessor católico. Um de seus grandes feitos, um dos atos diplomáticos que merece a admiração de seus aduladores, foi ter seu reino reconhecido pelo papa Alexandre VII. Isso pode ou não ser encarado como mais uma estratégia para proteger o reino usurpado que dominou até a morte, mas o simples fato de Nzinga ter pedido o reconhecimento papal legitima a autoridade do prelado sobre o destino de um Estado subsaariano. Sobre essa diplomacia que parece torná-la mais importante que os autênticos selvagens, que não enviavam cartas ao Vaticano, observemos os seguintes fatos:

> Ela liderou uma verdadeira campanha para convencer as autoridades do Vaticano a tratá-la como outros líderes cristãos, da Europa ou de outros lugares. [...] Ela declarava com orgulho que ela e sua corte tinham sido purificadas pelo batismo e que ela havia mandado construir uma igreja. Por fim, pediu ao soberano pontífice que a ajudasse a avançar no caminho que havia escolhido e que lhe enviasse missionários, indulgências e sua bênção. (Heywood, 2018, p. 235-236)

Se fosse ficção, teríamos achado hilária a história de uma mulher que, aos olhos de muitos, representava o orgulho da África, mas se esforçava para cair nas graças do chefe da Igreja — sucessor do homem que havia ordenado a escravização e a pilhagem dos subsaarianos. O papa levou anos para responder e finalmente reconhecê-la como soberana cristã. Apesar de ter dado esses passos com a teimosia que a caracterizava, a rainha de Matamba já estava na casa dos 70 anos, e esse seria o seu último combate. Como Nzinga sempre instrumentalizou as crenças para impressionar o cidadão comum e impor seu poder,[38] poderíamos duvidar da sinceridade de suas cartas, imaginá-la mais astuta do que aqueles que, ao recebê-las, teriam gargalhado ao ler a prosa de uma mulher bárbara e tardiamente arrependida. Mas nada prova isso. Não há nenhum vestígio que comprove um acordo feito com os sacerdotes de seu povo para manter intacta, mesmo de forma oculta, a espiritualidade de seus pais. Pelo contrário, naquela época, ela parecia encontrar apenas falhas nela, e não só nas práticas jaga — que ela aprendeu durante sua peregrinação, quando, privada de seu trono, se estabeleceu em acampamentos selvagens e deu início à luta de guerrilha —, mas também aos costumes de seu povo.

O trono de Matamba foi assim preservado, o que simplesmente significa que os portugueses se apoderaram dele em outro momento. A esse território dilacerado, Nzinga deu o nome de Dongo-Matamba para não renunciar à sua origem, à sua verdadeira filiação, mas o reino dos seus pais acabou se tornando posse da Coroa portuguesa. O fato de o desenho ter fixado para a posteridade a lembrança de sua conversa com o vice-rei de Portugal também revela que ela era uma escravagista muito satisfeita com seu *status* e é pouco comovente, já que essa

---

38 Por exemplo, depois de assassinar o irmão e tomar seu lugar no trono do Dongo, ela fez do falecido um grande espírito cujos oráculos eram consultados. No Dongo, assim como em outros lugares, os mortos eram frequentemente considerados poderosos. No entanto, nem todos podiam alcançar o posto de ancestrais venerados. Para isso, era preciso ser uma pessoa honrada. Mas é muito pouco provável que Nzinga estimasse o irmão, pois ele, não contente em ser um covarde — aos olhos dela —, havia matado seu único filho antes de torná-la estéril ao lhe infligir os piores abusos. Ela o matou por vingança e também por não achar que ele fosse digno de governar. Muito mais tarde, em seu período "guerrilheira", ela adotou as práticas canibais e infanticidas dos imbangalas (ou jagas), desafiando a reprovação do seu povo, os mbundus, que desconheciam essas atrocidades. E fez isso com o mesmo fervor com que praticava todos os seus atos, um vigor desesperado que deveríamos analisar tendo em conta seus traumas e desejos, para evitar que sejam sempre os primeiros a serem vistos.

mentalidade nunca deixou as castas mais altas do sul do Saara. Além disso, para muitos subsaarianos e muitos afrodescendentes de nossa época, apenas a escravidão racial e colonial praticada pelos europeus é percebida como criminosa. Essa apresentação das coisas acaba sendo problemática para os valores humanos que fundamentam as demandas dos afrodescendentes nos países ocidentais outrora escravistas, que se baseiam no sofrimento das pessoas de condição servil. O que torna a escravidão colonial única são três elementos: seu caráter racial, sua dimensão industrial e o fato de ter moldado o mundo de hoje em muitos aspectos, desenhando hierarquias das quais a humanidade ainda não conseguiu se livrar. Esses são fatos indiscutíveis. No entanto, nenhuma forma de escravidão é admissível, e a escravidão praticada por Nzinga, ao contrário do que afirmam os subsaarianos, não era de forma alguma mais branda do que a que os europeus ocidentais infligiram às Américas.

No caso de Nzinga, a posse de seres humanos que podiam ser assassinados apenas por terem dito algo errado é vista como parte de uma cultura em que o poder se tornava visível dessa forma. Esse tipo de escravidão não seria criminosa, já que era cultural. Os europeus são, portanto, criticados por terem se envolvido em atos que não pertenciam à sua cultura, o que nos deixa curiosos. Temos o cuidado, aliás, de não ousar reconhecer, na forma como Nzinga exerceu o poder, algumas das falhas que ainda persistem entre os governantes dessa parte do continente. Nzinga foi a mulher que se recusou a se encaixar em um estereótipo e perturbou durante muito tempo o sono dos portugueses, que muito escreveram sobre ela. E isso seria suficiente para salvar a honra subsaariana. O fato de haver dentro dela uma dor causada pelo cruel abuso infligido por um irmão invejoso de suas qualidades, um trauma gerador da raiva cujas chamas ela espalhou durante toda a vida através do ódio aos homens e do desprezo ao feminino por ter sido irreparavelmente mutilada, pouco importa. No entanto, são esses os elementos que nos permitem apreciar a imensa solidão em que essa mulher viveu. Não queremos entendê-la, não queremos conhecê-la de verdade, e sim apenas torná-la divina, fazer dela um ídolo para as jovens subsaarianas.

Se as suas batalhas acabaram por se perder, pois os portugueses, mais bem armados, mais astutos, se fixaram durante séculos nessa região do continente, não queremos saber. Nzinga falava português, soube ser diplomata com as potências estrangeiras, já que escreveu ao papa, e, sobretudo, fez outro humano suportar o peso do seu corpo para não ser humilhada. Essa é a imagem que dela resta e, como a princesa, ninguém se interessa pelo destino da mulher usada como cadeira. Para a História, a mulher ajoelhada só existe nessa postura. Ela não reaparece em nenhum lugar. Nzinga conseguiu preservar mais seu poder do que seu território durante a vida. Ela não lutou pela liberdade, pela honra de seu povo, mas para ser reconhecida como governante legítima. Foi para ser rainha que ela batalhou a vida inteira. E essa lutadora incansável, considerada perspicaz, não pensou em levar uma cadeira para aquele encontro memorável. O vice-rei com certeza tinha uma, mas isso não foi considerado. Mais do que tudo, o importante para ela era demonstrar seu poder, seu domínio sobre um povo.

Não foi sua dignidade, e sim sua autoridade, que Nzinga reafirmou, ao impor que a escrava suportasse seu peso durante todo o encontro. Além disso, é preciso lembrar que a princesa abandonou a criada aos traficantes de seres humanos que tinha ido enfrentar e a quem havia recusado, naquele mesmo dia, fornecer escravos como tributos. Não porque detestava a escravidão, mas porque o pagamento de tributos era típico de vassalos. Nzinga foi protetora de seu povo? Quando os holandeses chegaram nos anos 1640 para disputar território com os portugueses e os derrotaram, Nzinga logo se aliou a eles, oferecendo-lhes o monopólio do comércio. Em troca, manteve sua soberania. Por isso, durante todos os anos de presença holandesa, os recém-chegados receberam todos os produtos desejados, incluindo um grande número de humanos que foram escravizados nos territórios holandeses do Novo Mundo. Onde começa o crime contra a humanidade? Quando examinamos as ações dos europeus, a resposta é clara: premeditação, organização, racialização, lucros incalculáveis e perenes. No caso da rainha Nzinga, apenas a noção de sacrifício é admitida. Os sacrifícios humanos de natureza ritual, que existiram em todos os continentes, são, portanto, equiparados à participação no tráfico de seres humanos.

Para entender melhor o percurso dessa mulher, devemos resgatar sua humanidade e seus contrastes — e até suas contradições. Primeiro, colocá-la de volta em um contexto em que as pessoas se identificavam mais com os outros de sua casta do que com representantes de seu sexo. A escrava sem nome, que pode ter sido violentada pelos portugueses ou deportada para as Américas, não era, aos olhos de sua proprietária, uma mulher digna de consideração. Era apenas um atributo do governo, um dos elementos que permitiam que sua autoridade se assentasse, literal e figurativamente. Os afrodescendentes deveriam se identificar com ela, reivindicar essa figura e encarnar os condenados da História, os cativos desconhecidos, as mulheres de condição modesta que as negociações políticas sacrificaram. As mulheres subsaarianas também deveriam reabilitá-la, ver nela as camadas populares que, apesar de constituírem uma maioria, não tinham voz e sofriam com as escolhas de seus governantes. Deveria ser impossível interpretar a imagem passada para a posteridade sem mencionar essa mulher e sua posição, em todos os sentidos da palavra. Para isso, devemos lembrar que Nzinga tinha um lado sombrio, sob pena de renovar o sepultamento das figuras ignoradas. Também é necessário rever a percepção que temos da grandeza, nos recusar a reconhecê-la apenas nas mulheres que chegaram ao poder, e nas piores entre elas. Elas são tão essenciais para a história subsaariana que é também através da análise de suas relações com outras mulheres que a experiência feminina ao sul do Saara será descrita.

Um senhor de escravos concede à vida humana apenas um valor relativo, e Nzinga provou isso várias vezes. Todos os que a rainha Nzinga entregou, sobretudo, a seus parceiros holandeses, viveram os horrores da deportação transatlântica e, entre os sobreviventes, os horrores da escravidão colonial. Não foi apenas nas costas da criada abandonado aos portugueses que Nzinga assentou seu poder, mas também nas dos deportados. Nzinga pode ser apresentada como feroz opositora da apropriação das suas terras pelos portugueses, mas não como inimiga da deportação transatlântica. Ela também não foi protetora da cultura ancestral. Quando morreu, o catolicismo era a religião oficial do reino de Matamba, tomado da rainha Muongo. E, como os portugueses tinham expulsado os holandeses, a moda e os costumes de Lisboa eram apreciados pelas castas superiores. Nisso, é possível ver o início da colonização portuguesa na região e entender que o sucesso desse empreendimento se deveu muito à alienação das elites. Desde o encontro em Luanda, Nzinga admirava a moda e o estilo de vida portugueses:

> Mais tarde, Nzinga recordou que havia apreciado os bons modos dos portugueses. Ela se lembrava do banquete que o governador havia oferecido em sua homenagem como uma ocasião de "celebração... de magnificência". [...] Mais tarde, Nzinga confessaria ter sentido "uma paz e uma alegria inexprimíveis" durante os meses passados em Luanda. (Heywood, 2018, p. 85)

Como podemos ver, a história poderia ter sido bem diferente. Os portugueses deviam apenas ter reconhecido o direito de Nzinga reinar e aceitado as propostas pacíficas dela. Eles já a haviam seduzido. Nzinga não teve filhos e, entre seus herdeiros, havia uma série de mulheres. Primeiro, sua irmã, Mukumbu, a herdeira que ela havia designado, cujo primeiro nome europeu era Bárbara. Quando vieram expulsar os holandeses do território, os portugueses fizeram Mukumbu de refém e a mantiveram prisioneira por vários anos. Nzinga obteve a libertação da irmã assim que a paz foi assinada, mas teve que ceder vários escravos para recuperá-la. Ela não sacrificou a irmã para tentar salvar os súditos. A conversão ao cristianismo, portanto, não protegeu o povo. Mas a família real permaneceu católica, o que demonstra uma adesão a essa fé, que superava motivos políticos. O filho de Mukumbu sucedeu à mãe por um ano. Os portugueses o mataram durante a Batalha de Catole. Kangala, batizada de Verônica, passou a reinar após o irmão. A relação dela com os portugueses nunca foi muito tranquila. Como todos que a precederam, Kangala os enfrentou e entregou escravos a eles. Anna II sucedeu a Verônica e assinou um pacto de vassalagem com os representantes da Coroa portuguesa, além de continuar a evangelização do reino. Verônica II sucedeu Anna II por um breve período, antes de o golpe de Estado de Anna III derrubá-la.

Ao morrer, Nzinga deixou para trás um país ainda ameaçado, que enfrentava um inimigo tenaz. A linhagem de rainhas católicas que a sucederam não conseguiu trazer a paz. Os portugueses eram adversários ávidos e incansáveis. Eles tomaram posse da região e se estabeleceram nela por vários séculos — até as lutas pela independência, quando acabaram por ceder os territórios, muito depois da maior parte das outras potências coloniais. Será possível enganar o mal sem apenas adiar suas manifestações mais terríveis, como fez Nzinga? O fato de a ação ser pecaminosa é compreensível. O fato de ter sido corrupta por tanto tempo é um problema. A região passou por uma das mais longas colonizações da história do continente. Muitas questões são perdoadas em Nzinga pelos próprios afrodescendentes, e é importante ressaltar isso. Queremos nos ver refletidos em figuras de poder, sobretudo quando nos encontramos em uma situação tão desesperadora quanto a escravidão ou quando somos marcados por ela. Quando sofremos, dizemos a nós mesmos que deve ser maravilhoso não estar entre as pessoas que exterminam o mal, mas entre aquelas que são capazes de o infligir. No Brasil, Nzinga é representada no candomblé[39] pela figura de Matamba, senhora dos raios e tempestades, guerreira invocada pelas mulheres em busca de força. Ela aparece também na congada, rito durante o qual a coroação do rei do Congo e da rainha Nzinga evoca o advento do cristianismo em Angola (Unesco, 2023). Durante a guerra pela independência de Angola (1961-1974), os líderes nacionalistas fizeram dela um símbolo. Quando a independência foi proclamada em 1975, ergueu-se uma estátua para homenageá-la. Na África subsaariana, muitos veem as pessoas que foram deportadas por Nzinga como sacrifícios pela nação. Em geral, as críticas a ela não são toleradas.

É importante restituir toda a verdade a essa brilhante e corajosa mulher, que lutou incansavelmente por várias décadas. A outra língua deve poder dizer que o gosto pelo poder não é mais nobre só porque

---

39 O candomblé é a principal religião afro-brasileira. Misturando contribuições cristãs e ritos africanos, ele é praticado de outras formas em outros países, como a Argentina, o Paraguai, a Venezuela e o Uruguai. No entanto, é no Brasil que ele tem suas raízes históricas. (N.T.: É equivalente à figura de Iansã.)

acometeu uma mulher. O exercício da violência, quando não defensivo, não é mais virtuoso quando aplicado por uma mulher. Mas Nzinga também era uma conquistadora, ou seja, alguém que espezinhava a soberania alheia, alguém que tirava a vida de quem não a ameaçava, alguém cujo poder não era contestado. Para a criada sem nome, ela não foi uma proprietária protetora. E autoridade não é desprezo. Em pleno século XXI, uma questão simples surge: as críticas aos colonizadores europeus por causa da crueldade de seus métodos, por exemplo, também não podem ser aplicadas a certos governantes subsaarianos? O fascismo dos imperialistas portugueses, ilustrado pela política racializada conduzida por eles, não deve impedir que a questão se imponha no que diz respeito às inter-relações entre subsaarianos. A negativa imediata equivale a uma ordem: as vítimas devem se calar para não manchar a imagem de populações que relutam em corrigir suas falhas. É essa lógica que prevalece nos países ocidentais quando mulheres de certas minorias são obrigadas a não denunciar estupros cometidos por homens pertencentes aos grupos delas. Isso significa que muitos pedidos de reparação não visam à justiça em si, mas ao rebaixamento daqueles contra quem esses pedidos são feitos. No contexto que nos interessa, sem nunca colocar agressores e vítimas no mesmo plano, é possível questionar personalidades que foram rapidamente sacralizadas se nos centrarmos nas pessoas sobre as quais o poder foi exercido. Em última análise, a história de Nzinga simplesmente nos leva de volta à grandeza e à miséria da condição humana, de acordo com o modo como elas se expressam em todos os lugares, em todos os momentos e independentemente do gênero. Qualquer homem que se comportasse como ela seria rapidamente rotulado de psicopata, independentemente de suas qualidades.

Como ela era mulher, a reivindicação de igualdade de tratamento falha de repente, pois a prioridade é acabar com o apagamento histórico das mulheres — que não se restringe à África subsaariana. E quando, durante os conflitos que pontuam a história contemporânea da África Central, são cometidos atos de rara crueldade, fingimos estar descobrindo essas práticas e tentamos não ver nelas uma violência aprendida sob o domínio dos colonizadores europeus. Nzinga não tem mais uma existência própria. É uma metáfora em um discurso pós-colonial, uma ideia sempre dirigida mais ao outro do que a nós mesmos. Essa fala voltada para fora enobrece o que não pode se tornar nobre. Não se trata de refletir sobre uma atualização cultural indispensável, sobretudo, ao exercício do poder na África Central nos últimos cinco ou seis séculos. O poder de Nzinga não existe mais pelo que foi. Sua única função é curar as feridas íntimas das mulheres que se veem como destituídas da História, deserdadas de sua representação. Ao usar a coroa dessa rainha guerreira por procuração, elas não se interessam pelas outras, as inúmeras que sofreram sob o poder de Nzinga, que por vezes morreram por causa dele, estripadas enquanto davam à luz. O que podemos fazer com as pequeninas, as que não tinham título? Que honra esperamos conquistar ao entregá-las ao silêncio?

No famoso *O mundo se despedaça* (1958), o romancista Chinua Achebe relata a intrusão da cultura europeia no dia a dia de uma comunidade igbo. Nesse clássico subsaariano, a religião cristã também se impõe pelas promessas feitas aos que teriam sofrido as dores de uma condição inferior ou sido objeto de sacrifícios humanos (lugar-comum no Dongo e alhures) antes do advento dessa religião. Os membros de um grupo humano se submetem aos seus costumes sem necessariamente aderir a eles. Quando estão entre aqueles que sofrem o poder tirânico, aproveitam a primeira oportunidade para se livrar dele. Ninguém sonha em viver em uma condição que permita que uma pessoa possa ser usada como cadeira e depois abandonada nas mãos de criminosos. Diante das figuras históricas, temos as sociedades e os valores que desejam defender. Como afirmamos estar caminhando para um mundo mais ético, devemos tomar cuidado com qualquer tipo de autoindulgência. Nzinga também nos lembra que podemos lutar contra a dominação estrangeira sem desenvolver uma aversão à cultura dos adversários. Isso não desmerece aqueles que se opõem veementemente a sistemas degradantes, ao mesmo tempo que se recusam a atacar as pessoas e, sobretudo, reconhecem a beleza de cada um.

O que deploramos fortemente ao ler a história dela é saber que sua curiosidade por certos aspectos da cultura portuguesa não era acompanhada por um interesse pelas tradições do seu povo. Se isso tivesse acontecido, qualquer revisão da história de Nzinga revelaria alguns elementos nobres da vida subsaariana. Mas isso não acontece. Podemos muito bem deixar Nzinga com as feministas do continente que a reclamam, mas é preciso ressaltar que essa mulher se distinguiu pela aversão ao feminino. Não estamos falando aqui de uma doçura particular, e sim de uma reverência pela vida, da preocupação por proteger as pessoas sob nossa responsabilidade. Estamos falando daquilo que muitas vezes foi motivo das decisões dos grandes governantes do continente africano. Para tentar defender a rainha de Matamba, podemos dizer que ela nasceu em um país onde os portugueses, por vezes convidados pelos soberanos locais (tanto no Kongo quanto no Dongo), estavam presentes havia várias décadas e tinham revelado sua vontade de colonizar a região. Embora ela os tenha superado nesse e em muitos outros sentidos, seus predecessores já exerciam o poder de maneira autoritária. Embora tenha feito um uso radical deles, indo além das tradições, Nzinga não deu origem aos sacrifícios humanos. Em seu país e em todo o continente, o fato de ter escravos era um sinal de *status* social alto. Mesmo assustados com as práticas jaga adotadas por ela, muitos mbundus continuaram a apoiá-la porque queriam que o trono ficasse com alguém da linhagem real. Mais do que tudo, temos que chamar a atenção, sem questionar a condenação de seus crimes, para o fato de Nzinga ter sido uma "mulher ferida que, um dia em que estava melancólica, confessou seu 'ódio implacável por toda a raça masculina' (Serbin, 2004)". Amada por seu pai, que lhe ensinou tudo e sem dúvida a teria escolhido para sucedê-lo, ela se tornou estéril por causa de um irmão ciumento que assassinou o único filho que ela deu à luz. Seu temperamento e seu *status* real foram os instrumentos de sua vingança. Como parte dela mesma lhe foi tirada, ela viveu apenas para dominar. Nisso, foi mais vítima do que sobrevivente, uma mulher resiliente. O que ela traz para a outra língua é a necessidade de não se deixar dominar pela própria dor, por mais profunda que seja.

# COLHEITA SANGRENTA

A História também guardou o nome de Amina de Zaria, uma conquistadora hauçá do século XVI que assumiu o comando de exércitos, não para defender seu povo, mas pelo gosto pela guerra e pela conquista. Uma Nzinga elevada à segunda potência, para a qual não encontramos desculpa nem na intrusão europeia na África subsaariana. Ela estendeu consideravelmente o território do reino, e o *ganuwar Amina*,[40] uma muralha de 15 quilômetros que mandou erguer para cercar a cidade de Zaria — capital do atual emirado de Kadna, na Nigéria —, e outras construções da mesma natureza a ela atribuídas, que, inclusive, podem ser vistas até hoje. É a essa rainha, cujo reinado durou 34 anos, que atribuímos o hábito adotado pelos hauçás de instalar seus acampamentos militares atrás de fortificações. A lenda de Amina de Zaria diz que ela matava seus amantes para que eles não pudessem se gabar de terem compartilhado de sua intimidade. Quando as mulheres entram no jogo dos homens, parecem sentir uma necessidade de extingui-los. É entre elas e eles que se desenrola uma História em que as mulheres não têm vez.

Falar do jogo dos homens não quer dizer esquecer o que Florynce "Flo" Kennedy disse: "Poucas atividades exigem um pênis ou uma vagina. As outras devem ser acessíveis a todos". A guerra e o combate armado não devem ser vistos como atividades masculinas em si, embora as sociedades humanas as tenham confiado com mais frequência aos homens. São as modalidades dessas práticas que as encaixam num gênero. As razões pelas quais alguém se envolve em um combate armado, as circunstâncias em que concordamos em matar. Isto é, em todo o caso, o que podemos deduzir do fato de a África ter se afastado tanto da regra supostamente universal que durante muito tempo manteve as mulheres afastadas dos campos de batalha. As muitas combatentes desse

---

40  *Ganuwar Amina* significa "a parede ou a muralha de Amina".

continente não tiveram que se fazer passar por homens[41] e, uma vez comprovada a competência delas, sua legitimidade não foi contestada.

A partir do caso de Amina de Zaria, podemos chamar a atenção para o seguinte: não é porque uma pessoa é do sexo feminino que ela é do gênero feminino, já que o segundo atributo tem a ver com o papel social e a maneira como o ser se expressa no mundo de uma forma geral. O sexo não determina necessariamente o gênero, que não é uma categoria natural, e sim construída por séculos de distribuição de tarefas, que provavelmente acabam sendo incorporadas de alguma forma. Na verdade, se, como os cientistas hoje nos dizem, o DNA preserva e transmite a memória do trauma, um fenômeno dessa natureza poderia ter se produzido para os papéis sociais. Assim como o ambiente — em si e por meio das provisões que ele fornece ou não — influencia a aparência física, é bem possível que os comportamentos adquiridos, e depois permanentemente estabelecidos, se naturalizem, por assim dizer. Mas alguns corpos escapam do antigo hábito secular quando o assunto é a expressão ou a energia que nos orientam para um papel social, e muitas sociedades subsaarianas reconheciam que um espírito masculino podia eleger uma aparência feminina. Isso significava, portanto, que o destino de uma mulher a esperava e que ele podia ser excepcional em comparação com o da maioria. Amina de Zaria não era mulher se pensarmos em termos de gênero. Aliás, isso não deveria interessar a ela, e ela talvez até sofresse por habitar seu sexo. Não era nem a época nem o lugar para estabelecer uma dicotomia entre corpo e espírito, a necessidade de adequar os dois.

Numa região que se tornou muçulmana, as histórias transmitidas de geração em geração certamente não teriam revelado se a rainha tivesse amantes. Suponhamos então que ela desejasse apenas homens e que o assassinato sistemático deles fosse verdade — embora isso possa ser uma metáfora, justamente para indicar o caráter extraordinário dessa

---

41  Com exceção de Ahangbé, que, segundo a lenda, de início se fazia passar por seu irmão gêmeo no campo de batalha. O rei tinha acabado de morrer, e dar a notícia às tropas e ao inimigo teria fragilizado os combatentes do Daomé, pois o povo estava em guerra.

mulher, inclusive no campo sexual. Algumas coisas foram e permanecem indizíveis. Quando comprovadas, são informadas a apenas um pequeno grupo de pessoas. Amina teria sido, portanto, um@ menin@ que desejava corpos masculinos. "Menin@" não designa aqui uma mulher adepta do travestismo nem um homem inacabado. O termo deve ser entendido como a designação de um gênero em si, o de uma mulher no sentido biológico cujos espírito e comportamento seriam mais comumente atribuídos aos homens. Seria, portanto, o resultado de uma *queerness*,[42] uma rejeição às categorias comuns. Uma *queerness* que acentua, no caso que nos interessa, o fato de a pessoa sentir atração por homens, por pessoas do mesmo gênero dela.[43] Por que decapitá-los? Para resolver essa questão, será que a rainha praticava sexo de uma forma feminina demais a seus próprios olhos? É isso que podemos deduzir, já que a penetração é vista, ainda hoje, como um ato de dominação e o único que completa o ato sexual. Continuamos a pensar que não pode haver estupro sem penetração, sem que haja a introdução, na vagina ou no ânus, de um pênis ou objeto substituto, uma espécie de prótese para quem não teria o privilégio de nascer com um pênis. Portanto, também pensamos que a sexualidade das mulheres entre elas não é bem sexualidade, e que uma mulher só pode ser culpada de estupro se imitar a sexualidade masculina. Se usar um vibrador, por exemplo.

Será que a guerreira se oferecia a seus amantes coagidos — e, conhecendo destino que lhes era reservado, não sabemos como eles conseguiam satisfazê-la — num abandono que despertava a sensação de ter sido dominada, ou até mesmo derrotada? Será que matar era então a única possibilidade de vitória para ela? Ou, pelo contrário, o corpo dos homens escolhidos em cada território conquistado era objeto de um tratamento tão pouco ortodoxo — sexo oral obrigatório, penetração

---

[42] É preciso entender o termo *queer*, aqui, como algo que designa o que escapa de categorias perfeitamente definidas, como os LGBTs (lésbicas, gays, bis e trans). A meu ver, *queer* é aquilo que permanece nebuloso, indefinível.

[43] A *queerness* também seria acentuada se o caso tratasse de homens de gênero feminino, um grupo mais numeroso do que se pode imaginar. Estaríamos então na presença de um@ menin@ que ama afeminados (só temos termos pejorativos para falar de homens que demonstram uma sensibilidade feminina).

do homem pela mulher com a ajuda de algum acessório — que ele não podia ser revelado para que a rainha não parecesse uma pervertida? Ou era apenas uma garantia de proteção, uma maneira de impedir que ela fosse comparada à massa de mulheres? Essa explicação seria surpreendente. Amina de Zaria era filha de Bakwa Tunkuru. A lenda dessa mulher do povo fulani diz que ela tinha armas de fogo quando chegou a Zazzau, na região hauçá. Ali, ela fundou a cidade de Zaria no século XVI e deu a ela o nome de sua filha mais nova (Jackson, 1999). Portanto, Amina tinha sido criada por uma mulher poderosa, sobre a qual foi dito:

> Zazzau ganhou destaque entre as cidades-estado hauçás durante o reinado da mãe de Amina, Bakwa Tunkuru, que foi a vigésima segunda governante de Zazzau e, provavelmente, a primeira mulher a ocupar o cargo. (Toler, 2020)[44]

Foi Bakwa Tunkuru que, ainda em sua época, tornou Zazzau importante, muito antes de Zaria se tornar sua capital. O Estado tinha sido fundado no século XI pelo rei Gunguma e fazia parte do Hauçá Bakwai, nome dado às sete cidades-estados originais. Mesmo sem conhecer detalhes sobre a sua vida, imaginamos que Bakwa tinha temperamento forte o suficiente para se impor à frente do Estado, já que era estrangeira. Especialmente se, como podemos pensar, ela respeitou a missão de Zazzau. Na verdade, por ser a cidade-estado mais meridional, Zazzau tinha a responsabilidade de capturar seres humanos para serem escravizados em todo o Hauçá Bakwai. Os cativos eram entregues especialmente aos grandes mercados de Kano e Katsina, localizados no Norte (Encyclopedia Britannica, 2023b). Antes e durante o reinado de Bakwa, Zazzau já era um Estado guerreiro, pois, sem necessariamente dominá-los como Amina faria mais tarde, ele já atacava e invadia seus

---

44 *"Zazzau first came to prominence among the Hausa city-states under the rule of Amina's mother Bakwa Turunku, who was the twenty-second ruler of Zazzau and probably the first woman to hold the office".*

vizinhos. Ou seja, Amina teve na mãe um modelo de mulher capaz de governar sem renunciar absolutamente ao papel social do seu sexo numa sociedade patriarcal — ela inclusive teve marido e filhos. Mesmo que Bakwa tenha sido a primeira mulher a reinar em Zazzau, como sugere Pamela D. Toler, as comunidades hauçás já haviam sido, e em muitas ocasiões, lideradas por mulheres. E essas comunidades não apenas mantinham um regime matrilinear, mas também era comum que fossem lideradas por mulheres oriundas da aristocracia (Salamone, 2009). Isso significa que, mesmo islamizados, os homens não viam isso como um atentado à sua virilidade. O culto à posse e à inversão do qual participavam, chamado de *bori*, que exigia que se disfarçassem de mulheres, demonstra isso. Essa prática antiga tinha sobrevivido à islamização e era encontrada em várias sociedades hauçá ainda no século XX.

Amina de Zaria, portanto, cresceu em um ambiente bastante complexo e cheio de ambiguidades, que permitiu que ela fosse uma conquistadora que recolhia crânios de homens durante suas expedições. Desde muito cedo, ela se destacou de forma brilhante na guerra. Isso significa que ela dificilmente se dedicou a atividades exclusivamente femininas e que não era criticada por isso. Como suas qualidades eram permanentemente afirmadas, ela liderava a cavalaria de Zazzau antes de reinar. Dizem que havia até conquistado o título de "mulher tão capaz quanto um homem", o que deve ter acabado com suas dúvidas. Então por que matar os homens que dividiam uma cama com ela? O que podemos supor é que, ao se tornar rainha — não há indícios de que ela tivesse essa prática antes, quando era general do exército —, ela passou a considerar importante não ser associada ao feminino. Daí a execução daqueles que haviam descoberto e penetrado nessa feminilidade ou daqueles que, para ela, tinham usurpado o *status* de homem a que ela teria mais direito. Mas segundo que critérios eles eram escolhidos? Não sabemos se o coração de Amina bateu por um homem. Ela se recusou a casar, provavelmente para não desviar de seu objetivo. O que podemos notar é que essa intrépida guerreira foi incapaz de mudar as instituições de sua comunidade, de reformar o casamento que a teria submetido à autoridade de um homem. O fato de ousarmos imaginar que ela foi *queer*, sem dúvida, vai chocar as pessoas definidas por essa designação e as que se recusam a permitir tais especulações sobre uma figura heroica. Aos primeiros, devemos lembrar que reivindicar um lugar no seio da família humana é também aceitar a imperfeição, o potencial destrutivo de todos. Aos últimos, digamos que figuras históricas pertencem ao mundo e foram, acima de tudo, seres humanos.

Amina de Zaria não foi revolucionária, já que a liberdade que desejava não era concedida a todos. Não temos indícios de que ela tivesse uma preocupação particular com as mulheres, que tenha atuado para melhorar o *status* delas na sociedade. Amina não queria ser uma mulher livre, e sim viver como um homem em uma sociedade patriarcal, o que não é exatamente a mesma coisa. Isso é, por exemplo, diferente de considerar que mulheres e homens devem poder se realizar como bem entenderem, ou de indicar que uma mulher pode impor sua individualidade, se tiver possibilidade de fazê-lo — por ter nascido em uma família real, pelas oportunidades oferecidas ou algumas de suas qualidades. Os revolucionários roubam o fogo para distribuí-lo a todos. Eles não se contentam em chegar sozinhos ao Olimpo e contemplar do alto a massa de desvalidos, nem em se manter em um trono, oferecendo provas diárias de sua capacidade de dominar e destruir. No entanto, a rainha de Zazzau também foi elevada ao posto de ancestral feminista, atribuição aparentemente necessária para dar valor a seu percurso. Mas temos quase certeza de que, na maioria dos exércitos subsaarianos contemporâneos onde há mulheres, apenas um pequeno número delas ouviu falar de Amina de Zaria. Temos quase tanta certeza de que as mulheres que pegaram em armas para lutar ao lado dos homens nos movimentos anticolonialistas, como o de Amílcar Cabral, por exemplo, não precisaram se referir à rainha de Zazzau. Então, qual é exatamente a utilidade dessa figura histórica específica? Como sua história pode inspirar a coletividade das mulheres? O relato de suas aventuras só é útil para quem deseja concretizar a obra do masculino, e não necessariamente no sentido mais positivo. Por outro lado, o fato de imaginar uma disforia de gênero, que pode ter levado a um sofrimento indescritível, confere a ela uma dimensão totalmente nova, uma complexidade mais interessante.

Por mais estranho que pareça, os atos de Amina de Zaria não são problematizados. Não tentamos analisá-los. Contudo, o que sabemos de sua história não a torna um assunto tão complexo quanto a de Nzinga. Além disso, houve outra mulher na Nigéria sobre a qual foram realizados estudos psicológicos e até psicanalíticos (Ilesanmi, 2014), por ter demonstrado comportamentos assustadores, se não inaceitáveis. No entanto, devemos continuar a pensar nela como uma personalidade respeitável, até mesmo como uma heroína — termo que é usado de forma abusiva hoje na África subsaariana. Estamos falando Efunsetan Aniwura, uma ialodê de Ibadã no século XIX. Ialodê era o título dado à "rainha das mulheres", aquela que liderava a comunidade feminina. Proprietária de terras, Efunsetan Aniwura tinha cerca de 2 mil escravos em suas plantações. Comerciante de grande talento, ela obtinha lucros substanciais com sua produção agrícola, vendia tecidos, seres humanos, e também participava de vendas de armas. Por participar da última atividade, Efunsetan Aniwura tinha papel importante nas questões relacionadas à guerra e à paz. Ela foi uma mulher muito influente, tanto econômica quanto politicamente. Ao que parece, também foi imensamente rica, e sua prosperidade nunca foi igualada entre as mulheres iorubás.

Embora tenha pagado todas as multas exigidas, Efunsetan Aniwura foi deposta do cargo de ialodê pelo *aare ona kakanfo*[45] Latoosa, cuja política ela contestou. Latoosa, que governava Ibadã na época, também subornou o filho adotivo de Efusentan Aniwuara para que ele mandasse dois escravos a matarem enquanto ela dormia. É à perda de sua filha — natimorta — que atribuímos a violência que Efusentan Aniwuara demonstrava em relação a vizinhos e escravos, que ela não hesitava em torturar ou decapitar. Como ela proibia que escravas engravidassem e punia com a morte qualquer violação dessa lei, imediatamente fazemos a conexão com a morte de sua filha e nos permitimos tentar reabilitar

---

45 Título de prestígio entre os iorubás, que pode ser traduzido como "cacique".

sua imagem. Ninguém chega a declarar que ela não foi responsável por seus atos, mas circunstâncias atenuantes permitem celebrar suas qualidades de empreendedora, seu poder e sua riqueza. Só que nada disso é tentado quando o assunto é Amina de Zaria. Talvez por ainda não conhecermos os motivos de sua atitude em relação a seus amantes. Ninguém se atreve a sugerir que o gosto pela conquista, especialmente quando ele se revela homicida, seja necessariamente patológico.

As observações e perguntas anteriores não pretendem difamar Amina de Zaria. Se tivéssemos que escrever uma ficção a partir de sua história, poderíamos torná-la *queer* e atormentada por um ambiente que não a compreendia. Ela viveu no século XVI, em um mundo que não ignorava completamente a diferença entre sexo e gênero, como evidenciado pelas inversões do culto *bori*. No entanto, o dia a dia não é uma cerimônia permanente em que, por intermédio dos espíritos, acessamos outro gênero ou até nosso verdadeiro gênero. Seria um prazer inventar uma Amina que sofresse de uma disforia de gênero impossível de resolver para explicar e dar sentido à sua violência. É difícil aceitar a ideia de que ela matava apenas por prazer — o que, no entanto, é possível, já que mulheres são tão humanas quanto os homens, e às vezes tão masculinas quanto eles. Aliás, muitas aspiram a ser assim, e poderíamos, se nos fosse permitido fazer perguntas perturbadoras, questionar a escolha de algumas pessoas que, mesmo tendo vindo ao mundo em corpos femininos, resolvem se passar socialmente por homens. Nas sociedades ainda muito desiguais em todo o planeta, essa decisão é absolutamente sem impacto no *status* social atribuído ao sexo e ao gênero feminino? As pessoas que optam por essa solução procuram resolver uma dicotomia interior, um problema íntimo, uma fonte de sofrimento. Isso é perfeitamente compreensível e respeitável.

No entanto, será que a decisão individual não tem impacto nem significado além do destino pessoal que ela envolve? Ela deve ser um pré-requisito ou acontecer uma vez que a transformação social tenha ocorrido? Ela testemunha um avanço em relação à condição da mulher ou deve ser separada desse aspecto das coisas? Ficamos um pouco confusos quando nos deparamos com a imagem de pessoas trans, *female to male*, grávidas. Sentimos que o fogo não foi roubado dos homens para ser dado às mulheres, e sim que o que lhes era particular — seja como privilégio ou como ônus, mas não é essa a questão aqui — foi transferido para o masculino, que já tem tantos poderes. Como a pessoa socialmente pertence ao gênero masculino, é a ele que permitimos a apropriação de uma prerrogativa natural do sexo feminino.[46]

Não temos certeza se as coisas funcionam tão bem na direção oposta e, se funcionassem, isso poderia não ser visto como um símbolo de igual força. As pessoas trans *male to female*, ou seja, mulheres trans, são atacadas com mais frequência do que os outras,[47] que se beneficiam, nas ruas das cidades, das vantagens concedidas aos homens. E as mulheres trans são molestadas com mais frequência por homens, tanto por raiva do que podem ver como uma armação contra eles — especialmente se seu desejo for despertado, mesmo que por apenas um instante — quanto pela privação consentida. Muitas pessoas trans escolhem perpetuar a atual divisão sexual, pelo menos na aparência, e ser vistas como pertencentes a uma categoria ou outra. Porém, de maneira geral, na sociedade em que vivemos, o homem perde poder assim que adota/manifesta características femininas, sexuais ou não, primárias ou secundárias. E, muitas vezes, as mulheres são as primeiras a vê-lo como decadente.

Muitas mulheres heterossexuais, mesmo quando não querem ser brutalizadas ou confinadas às tarefas domésticas, desejam um parceiro poderoso, até mesmo dominador, na intimidade. Presas a pequenas contradições, elas querem um macho no quarto, mas exigem que ele

---

46  Apesar de as questões de gênero já terem sido debatidas, a irredutibilidade das características sexuais ainda é difícil de questionar completamente. A realidade se impõe à vontade, resiste a ela. A menos que sofram de alguma deficiência, os corpos femininos, mesmo os das guerreiras, são dotados de um útero. Os corpos femininos também são providos de seios, que a natureza colocou ali para que os bebês pudessem ser amamentados. Aliás, essa parte animal e hormonal da identidade sexual incide também no comportamento e pode muitas vezes influenciar a distribuição social das tarefas. É preciso recorrer à química e à medicina para contrariar o que o sexo exige. Podemos também decidir não ter filhos, pois a possibilidade de engravidar não implica qualquer obrigação. No entanto, continuamos sujeitas aos ciclos do corpo feminino.

47  Nos países ocidentais, os homens trans afrodescendentes têm que enfrentar a violência policial, como todos os homens negros que vivem em sociedades onde são privados de poder.

tempere esse caráter, essa natureza, logo após tê-las servido. A maioria, inclusive as feministas, se afastaria de um homem que quisesse usar vestidos. Ao contrário do que o uso de calças fez quando as mulheres se apropriaram delas, usar um vestido não eleva, não cria nenhuma transferência de poder, não leva a nenhum tipo de libertação. Pelo contrário, ao ser usado por um homem, um vestido significa a inadequação do sexo e do gênero, quando não é sinal de uma perversão, de alguma patologia. Nada disso acontece quando uma mulher usa um terno masculino ou inicialmente concebido como tal.

É claro que vivemos a vida como podemos, e já é uma coisa boa alcançar a satisfação individual — ainda bastante precária, aliás. A maioria das soberanas e guerreiras subsaarianas que estas páginas tomaram como exemplo agiu dessa maneira. Não necessariamente porque elas conceberam um projeto, mas porque as circunstâncias as levaram a isso. A leitura contemporânea de sua história quer ver nelas momentos em que a ordem estabelecida foi abalada. Mas isso não é verdade. A situação das mulheres, quando não era invejável, muitas vezes se mantinha igual. O caráter excepcional das trajetórias dessas governantes rendeu a elas a admiração ou a inveja dos homens. Singulares por suas ações, essas mulheres também foram únicas por seu *status* social, que imediatamente as pôs acima de qualquer norma. As mulheres comuns — algumas casadas antes de terem consciência, já que filhas não nascidas já podiam ser prometidas —, que, em sua maioria, compartilhavam seus maridos e deviam incorporar e preservar tradições, não conseguiam se identificar com elas.

Ainda hoje é difícil se inspirar na rainha Amina. Poucas mulheres, de fato, sonham em colecionar crânios. Poucas mulheres anseiam pelo sucesso militar quando a luta não responde a uma ameaça. Uma estátua de Amina, curiosamente erigida em frente ao National Art Theatre de Lagos, deu a ela a aparência de um jovem sultão ou jihadista do império Socoto, o que revela uma apropriação muçulmana surpreendente e a recusa categórica em dotá-la com uma aparência graciosa. Singular, Amina de Zaria merece ser citada não como exemplo, mas para mostrar que houve uma grande variedade de figuras femininas na história subsaariana e que algumas, entre elas, situaram-se no lado sombrio da força masculina.

# FÚRIA CASTRADORA

Apesar de, na história atestada do continente, Ahangbé se destacar pelo desejo de melhorar o destino das mulheres, encontramos, nas lendas, uma figura que teve a mesma preocupação. Para muitos, Ebla Awad, conhecida como Araweelo, rainha dos somalis, de fato existiu. Dizem que ela foi coroada no ano 15 da nossa era, em uma época tão remota que o relato oral de um povo então nômade fica sujeito a todo tipo de especulação. E, claro, existem várias versões da lenda de Araweelo. No entanto, sua história, contada pelos homens da atual Somália, parece um mito destinado a apaziguar as mulheres, ou talvez a fazê-las sonhar com um amanhã melhor em uma futura encarnação. A primeira versão da lenda diz que Araweelo era uma princesa que acabou recebendo a tarefa de reinar após a morte do pai, pois não tinha irmãos. Convencida de que as mulheres, que davam filhos à luz, eram mais qualificadas para assumir os assuntos da cidade, a rainha quis criar um governo exclusivamente feminino.

As mulheres escolhidas informaram à rainha que seus maridos haviam se negado a aceitar a iniciativa. A rainha então as encorajou a passar o trabalho doméstico para eles por um tempo, a fim de prepará-los para a inversão da ordem normal. Para ela, as mulheres eram superiores aos homens, mais racionais e preocupadas com o triunfo da paz. E, até aqui, nada nos choca. As coisas ficam mais complicadas com o caso da castração. Aliás, é nesse ponto que as lendas oferecem um amplo espectro de possibilidades. Será que Araweelo enforcou o próprio marido pelos testículos, mandou castrar apenas os estupradores ou castigou assim qualquer comportamento desagradável praticado pelos homens? Tudo o que sabemos é que ela parecia insistir em despojar os homens de seus atributos. Uma versão da lenda diz que a rainha Araweelo, tomada por uma fúria castradora, despojou praticamente todos os homens de seu pênis. Apenas um teria escapado dessa loucura, um homem mais velho que havia se refugiado fora da comunidade. Não sabemos exatamente como, já que a lenda não explica, mas a princesa, filha de Araweelo, encontrou esse homem, foi tocada por sua gentileza, apaixonou-se por ele e teve um filho dele.

Quando o menino nasceu, a rainha quis logo livrá-lo da parte inoportuna da sua anatomia. A princesa astuciosamente fez a mãe esperar tanto, que a criança logo se tornou adolescente. A história não diz como tudo aconteceu, mas a rainha Araweelo teve um final trágico, pois foi esfaqueada pelo neto. Assim, o masculino retomou seu lugar, restaurando a ordem natural das coisas, que nunca mais foi perturbada. Muitos afirmam que, ainda hoje, sobre o suposto túmulo de Araweelo, as mulheres cultivam flores, enquanto os homens jogam pedras. A moral dessa história, sem dúvida proposital, é que as mulheres demonstram orgulho quando assumem o poder, só podem desejá-lo por ódio aos homens e, claro, perdem a cabeça e se mostram incapazes de construir uma sociedade justa. Nessa primeira versão da lenda, a rainha Araweelo queria erguer um mundo pacífico, livre da violência e da guerra, que atribuía a um fracasso masculino. Mas, para conseguir isso, ela não tinha nenhuma outra opção a não ser mutilar homens. Será que a lenda de Araweelo pode ter alguma ligação, mesmo que obscura, com a excisão de mulheres na Somália? Talvez não diretamente, mas carrega uma imagem bastante traumática para os homens, e não é inconcebível que alimente a violência contra as mulheres. A prova de que o mito não é desprovido de poder é que ele incentiva o arremesso de pedras no local incerto de uma sepultura.

Ao apresentar uma figura feminina em um cargo de autoridade, que tomou para si mesma todo o poder sobre a sociedade — não sabemos ao certo como, já que Araweelo não é descrita como uma espécie de ninja —, essa história não só demonstra a incapacidade das mulheres de governarem de forma esclarecida e positiva, mas também o risco que correm ao ascenderem a cargos mais elevados. A mulher do mito é um vetor de desequilíbrio e destruição. Já vimos isso em outros lugares, não é uma novidade. Já os homens são vítimas de sua loucura e agentes da regeneração: por ter encontrado um sobrevivente, a filha de Araweelo dá à luz o menino que erradica o mal. Tudo fica muito claro. Nem mesmo se sabe se Araweelo amava as mulheres, sentimentalmente ou não. O mito apenas nos ensina que ela via no sexo feminino qualidades particulares — qualidades que ela mesma acreditava ter.

Hoje, Araweelo ainda é celebrada por algumas pessoas que a veem como uma aliada das mulheres, a fundadora injustamente difamada de uma sociedade matriarcal, um termo que é mal utilizado. Não se sabe se as mulheres que viviam nesse ambiente ficavam satisfeitas com a companhia de eunucos. Uma versão do mito dá a entender que alguns homens ainda podiam manter seus atributos para fins de reprodução. No entanto, os recém-nascidos do sexo masculino tinham que ser castrados. Tudo é tão exagerado, inclusive o fato de a rainha ter morrido pelas mãos de um adolescente — pois os homens não teriam conseguido reagir —, que é difícil dar a essa história outra função que não seja a de golpear imaginários para manter a ordem social. Como o mito bíblico da culpa de Eva, que a levou a sentir dor ao dar à luz, a lenda de Araweelo cristaliza as ansiedades de uma masculinidade dominadora e justifica o sofrimento infligido às mulheres por causa de seu gênero. A história não diz nada sobre as mulheres e não tem nada a ensinar a elas, além da fragilidade de alguns homens. Na sociedade que produziu o mito, o caminho da mulher rumo à sua realização está repleto de armadilhas. A solidariedade dos outros sempre será necessária.

Na realidade, as mulheres apreciam Araweelo porque a história dessa rainha, como é transmitida entre elas, nada tem a ver com a narrativa masculina, a mais veiculada. Segundo a tradição oral feminina, Ebla Awad não era uma princesa, mas uma mulher do povo, que se casou aos 16 anos. Naquela época, os clãs somalis se enfrentavam o tempo todo, e a jovem logo ficou viúva. Por não ter filhos — uma versão da história sugere que tenham morrido de fome e outra, que ela não teve tempo de ter filhos... —, não havia por que ela se casar outra vez com alguém da família do marido, como era o costume. Só a maternidade permitia que uma viúva escapasse da miséria, uma vez que um dos irmãos de seu falecido marido a colocava sob sua proteção, casando-se com ela para que seus filhos fossem criados dentro do clã paterno. A jovem viúva também era um fardo para a própria família, pois eles não podiam voltar a casá-la com alguém e receber um dote por ela. Sozinha,

Ebla Awad, que ainda não havia se tornado Araweelo, juntou-se a outras excluídas, mulheres isoladas como ela, que haviam encontrado refúgio na floresta. Elas caçavam para se alimentar e também enfrentavam os homens, sempre prontos para perturbar a tranquilidade de mulheres aparentemente indefesas. Nessas lutas, Ebla Awad se mostrava destemida e feroz, o que fez a comunidade feminina elegê-la como líder. Ela era guardiã de todas, uma protetora, e sua reputação acabou por atrair muitas pessoas, clãs inteiros, que decidiram se submeter à sua liderança. O grande número de seguidores logo permitiu que ela criasse um exército, com o objetivo de acabar com as lutas entre os clãs. Foi nesse momento que ela foi coroada rainha.

Só que os chefes dos clãs não queriam pôr fim às guerras, um fenômeno cultural daquela região da África. É aqui que as mulheres explicam sua versão do caso da castração. De acordo com a lenda feminina, Araweelo não teve escolha a não ser capturar alguns líderes dos clãs para tentar convencê-los. Ela os prendeu e os colocou sob vigilância. Surpresas com o fato de aqueles homens não terem conseguido impedir as artimanhas de uma mulher, as pessoas começaram a comentar. A virilidade deles foi posta em dúvida. Muitos disseram que eles haviam sido castrados. Entre os somalis, como em outros lugares, os testículos simbolizam o poder masculino. Portanto, é possível que o boato, a princípio, tenha se baseado apenas em uma metáfora. Quando chegou aos ouvidos da rainha, ela ordenou que a falsa notícia não apenas fosse confirmada, mas divulgada. Achava que ia dobrar os últimos belicistas daquela maneira. Os clãs continuaram a se enfrentar, mas a comunidade que se reuniu ao redor dela não foi mais atacada. Os atacantes eram homens, por isso optaram por defender suas bolas. Claro, como em todas as lendas, os que haviam sido presos não negaram os fatos que minavam sua honra masculina. Araweelo, a rainha da paz, a rainha protetora, reinou por várias décadas. Foi a caminho do funeral de uma idosa que foi atacada e morta. Por um homem.

Todas as versões da história de Araweelo são imprecisas. Ela não foi escrita e, como acabamos de ver, sua transmissão oral dependia dos contadores de histórias. Depois de ler a lenda contada pelas senhoras somalis, é fácil compreender o apego a essa figura do passado. Nesse caso, a rainha é uma mulher com quem todos se identificam. Ela não vem ao mundo com nenhuma vantagem e passa pelas provações que aguardam as pessoas simples. Ao entrar em contato com outras mulheres entregues à miséria, ela transcende, descobre sua coragem, seu poder, e os coloca a serviço desse grupo. É a nobreza de seu caráter que a torna rainha, é a vontade do grupo que a leva ao trono. Até o fim de seus dias, ela zela pela segurança de seu povo e garante sua prosperidade. A sociedade que ela cria emancipa as mulheres e as protege dos apetites e da violência de um grande número de homens. As pessoas que fazem parte do clã de Araweelo só se juntavam a ele porque concordavam em respeitar as mulheres.

Para as mulheres da Somália, houve, portanto, uma rainha igual a elas que, no ano 15 de nossa era, mostrou às mulheres que outra vida era possível. É perfeitamente compreensível que elas queiram colocar flores em seu túmulo. É claro que a outra língua das mulheres se interessa pela narrativa produzida por elas. Imaginada ou não, a história que contam transmite suas profundas aspirações e fala do que já sabem: as mulheres são poderosas, o coletivo feminino importa e seu trabalho costuma ser notável. É esse coletivo que faz, de Ebla Awad, Araweelo, rainha da paz, rainha protetora, rainha da prosperidade. Escorada nos ombros de quem a acolhe e que quer defender, uma pequena viúva desamparada e rejeitada cria uma lenda própria. Aos olhos de alguns, essa ousadia de viver é furiosamente castradora.

# ROMANCE PRINCIPESCO

Depois de visitar esta pequena galeria de retratos, podemos pensar que nenhuma dessas mulheres teve uma existência desejável. Parece que nem a História nem o mito quiseram nos oferecer a possibilidade de um poder que, ao ser exercido por uma mulher, não tenha que passar por renúncias nem perdas ou ações masculinas que surgem como um tipo de rebaixamento. Não qualificaremos esses comportamentos como viris, um epíteto que se refere a uma retidão que as mulheres do gênero feminino são capazes de expressar. Mulheres viris não são masculinas por natureza. Elas exibem qualidades atribuídas ao masculino simplesmente porque essa energia também lhes pertence. E, entre as mulheres míticas da história subsaariana, pelo menos uma parece fugir à regra.

O mito fundador do império mossi apresenta Yennenga, filha do rei de Gambaga, região que um dia se tornaria Gana. Filha única, amada pelo pai, a princesa aprendeu a manejar armas e a praticar equitação, um privilégio masculino. Extremamente talentosa, tornou-se a melhor guerreira e a mais habilidosa amazona do reino. Seu pai, o rei, amava-a tanto que se recusou a obrigá-la se casar, fazendo ouvidos de mercador aos pedidos da princesa, que, apesar de suas extraordinárias qualidades, sonhava com um amor e um lar. Yennenga, que é bem descrita como uma amazona, queria uma casinha em uma pradaria e um bom marido. Ou seja, era uma menina. E ela queria tanto aquilo que, em uma última tentativa de fazer seu pai ceder, plantou — sim, ela sabia fazer isso — um campo de quiabo, mas deixou os legumes apodrecerem nos pés na época da colheita.

O rei, seu pai — que era um apaixonado pelo cultivo de quiabo —, ficou indignado com tamanha negligência. A princesa respondeu que aquele era o destino das moças solteiras. A observação deve ter apaziguado a raiva do soberano, mas ele não mudou de opinião, sem dúvida dizendo a si mesmo que, em uma próxima vez, só teria de confiar a colheita a seus jardineiros. Como não tinha escolha, Yennenga se disfarçou de homem, pegou seu cavalo à noite e se despediu de sua terra e de sua família. Sua jornada a levou ao coração de uma floresta, onde encontrou Rialé, um caçador que logo descobriu que o estranho que havia acolhido sob seu teto era uma mulher. Eles se apaixonaram, se amaram, agiram de acordo, e a princesa engravidou. Quando Ouédraogo, seu filho, nasceu, Yennenga pediu ao companheiro que fosse até o reino de Gambaga onde, segundo ela, havia um velho que ela amava muito. Rialé deveria apresentar o menino a ele e perguntar se o homem havia perdoado a moça que o havia deixado. E, dito e feito, o rei, com o olhar fixo na criança, reconheceu os traços de sua filha, a menina de seus olhos. Ele a perdoou, feliz por reencontrar a princesa e por receber o neto. Yennenga e aquele que se tornou seu marido foram autorizados a deixar o reino para fundar um Estado próprio. Assim nasceu o império mossi, cuja fundação é atribuída a Ouédraogo, filho que ganhara o nome do cavalo de Yennenga.

Outra versão da lenda (Tiendrebeogo, 1963) mostra Yennenga — que nem sequer é nomeada nela — como a filha mais velha do rei de Gambaga obrigada a se comportar como um menino, porque seu pai não tivera filhos homens. Essa apresentação também é interessante pelo que revela da natureza transgressora da história da princesa, como costuma ser contada. Nesta segunda versão da lenda, a mulher, anônima, não tem vontade própria. É só porque seu cavalo entra em pânico e a arrasta para longe que ela vai parar na cabana de Rialé. E é somente quando Ouédraogo, seu filho, completa 7 anos, que é apresentado ao seu avô, o rei. E isso não acontece sem conversas prévias. Embora vítima de um garanhão fugitivo — ela não era uma amazona boa o suficiente para controlá-lo —, a princesa teme a ira do pai. Este finalmente aceita a criança e a enche de presentes. Podemos nos perguntar como a personagem feminina, incapaz de guiar e se orientar após a morte do cavalo, conseguiu indicar onde seu pai estava... Não há individualidade feminina nessa história, e não é isso que as mulheres de Burkina Faso contam umas às outras.

Até hoje, Yennenga é considerada uma personificação da insubordinação feminina. Para todas as mulheres, ela foi uma guerreira que desafiou a ordem patriarcal, concebeu um filho por amor e deu à luz fora dos laços sagrados do casamento. Talvez estejamos indo um pouco rápido demais, e é aqui que o mito nos cria um problema. Também podemos concluir, pela lenda da princesa Yennenga, que, sim, as mulheres são tão capazes quanto os homens, mas ainda assim devem saber o seu lugar, dar à luz filhos. Elas devem conhecer seu lugar e desejá-lo a ponto de dar as costas para quem gostaria de impedi-las de ocupá-lo, de serem mulheres realizadas. Em algumas comunidades banto, a história é vista como se enfatizasse os aspectos masculinos e femininos da princesa, já que todo indivíduo tem essas duas características. Embora um deva dominar — o feminino aqui —, o outro permanece presente, e a ele recorremos assim que necessário, daí a relevância do nome "mulher viril". Se essa for a interpretação correta, a renúncia de Yennenga à vida de guerreira pode ter levado à expressão de sua virilidade em outra área. Impossível de elaborar, a história não conta detalhes sobre isso e termina quando a mulher renuncia ao uso de sua força masculina, consentindo assim à ablação simbólica de um membro supérfluo.

 A sociedade mossi não é muito conhecida por favorecer as meninas. Ela não teria tolerado a fuga de mulheres casadas vista pelo povo bwa (Burkina Faso). Nesse caso, as mulheres tinham o objetivo de encontrar amantes, que, inclusive, podiam ser casados. Não só isso não era percebido como adultério, mas o marido abandonado se esforçava para recuperar a bela fugitiva (Retel-Laurentin, 1979). A história de Yennenga não é uma lenda bwa, é um mito sem muito impacto na experiência concreta das mulheres. É um conto de fadas, carregado mais de uma ideologia do que de uma moral. Há um tempo para tudo, as próprias guerreiras sabem disso e, quando se unem a um homem e dão à luz um filho, elas se acomodam. No entanto, como vimos, elas escolhem esse laço mesmo que tenham que enfrentar adversidades. O desaparecimento de Ouédraogo, o fiel garanhão da princesa, conclui a despedida das armas. Ela encontra o bom homem, o cavalo morre, outra vida começa: a vida do lado do quiabo, aquela em que a mulher volta à terra, como divindade nutridora, matriz da qual ela é uma encarnação. Não podemos ter tudo, a liberdade dos homens e a dignidade das mulheres.

 O que lamentamos um pouco não é que a princesa opte por levar a vida de uma mulher convencional. Essa decisão não é desonrosa e pertence a ela. Além disso, seu *status* social permitirá que ela não se sobrecarregue com os afazeres do dia a dia, cultive quiabo apenas se quiser. A escolha de Yennenga, numa sociedade onde, justamente, é possível decidir por si mesmo, é perfeitamente respeitável. Mas, como princesa, ela não representa a massa feminina. Seria difícil para outras mulheres se, por acaso, quisessem seguir seus passos. Na verdade, não poderiam, pois não seriam cavaleiras habilidosas com seu próprio garanhão, capazes de galopar pela noite e pela floresta para encontrar o amor. Então, o que as mulheres comuns poderiam aprender com essa história? Vamos primeiro ver o que sabemos sobre o resto dela.

Após a fundação do império mossi, o papel de Yennenga, sua imagem, desaparece. Terminado o jogo, os homens assumem as rédeas. Ou seja, tudo isso só por isso. Até porque, nesta lenda, assim como na maioria das histórias reais ou imaginárias aqui contadas, o destino das mulheres não era preocupação dessa heroína de um mito que, aliás, não detalha seus esforços. Ele simplesmente diz que ela era a melhor em tudo, a mulher perfeita, que cavalgava e plantava quiabo. Seu nome significa "a graciosa", de modo que também fica claro que ela era bonita. Yennenga era uma menina brincando de ser menino antes de se tornar mulher para se casar com o destino imemorial de suas semelhantes. Não sabemos o que o mito não detalha, mas as mulheres do povo mossi foram circuncidadas por muito tempo, e a posse de um cavalo era a menor de suas preocupações. Ao acessarmos o sentido primário do conto, surpreendemo-nos por ele proporcionar, em Burkina Faso, uma figura feminina heroica. No entanto, esse é o caso aqui: uma espécie de humor patriarcal que escapa àquelas que Yennenga faz sonhar. Um significado secundário dessa história poderia ser que as mulheres não necessariamente escolhem seguir as tradições. Na verdade, a princesa escolhe seu destino e, como decide tentar de tudo para realizar seu sonho, consegue concretizá-lo. É bem possível que, ao contrário desta lendária mulher, alguém queira cavalgar até as longínquas estepes e não se casar a qualquer preço. É o mais comum neste caso, mesmo que isso signifique abandonar a família e passar primeiro por uma noite sombria.

# PANTERA NEGRA

Há muito esquecida pelo público e negligenciada pelos historiadores, Sarraounia Mangou foi reabilitada primeiro por escritores de ficção, como o cineasta mauritano Med Hondo. Depois de retirar dos escombros a história dessa mulher, graças ao romance do nigeriano Abdoulaye Mamani, ele fez dela um filme, um dos mais famosos, sobriamente intitulado *Sarraounia* (Hondo, 1986). Este não é o nome dessa celebridade, mas seu cargo. Sarraounia, na verdade, significa "rainha" na língua hauçá. A pessoa que carrega esse título é tanto governante quanto guia espiritual. Esta é uma oportunidade de relembrar o número de reinados femininos na longa história do povo hauçá, embora nem todas essas rainhas tenham sido denominadas "sarraounia", devido às particularidades inerentes a esse título.

A que nos interessa é, sem dúvida, a mais famosa dessas mulheres políticas e místicas. A tal ponto que o título, embora tenha sido usado por outras antes dela, sempre a designa. Muitas pessoas na África subsaariana, talvez por causa do filme de Med Hondo e do romance de Abdoulaye Mamani, a chamam apenas de "Sarraounia" e não conhecem o nome dela. Seu nome era Mangou e ela viveu no século XIX em Arewa, no sudoeste do que hoje é o Níger. Lougou, a cidade-estado que governou, abrigava os aznas, população ainda não islamizada na época, em um ambiente colonizado muito tempo antes pelos promotores da religião muçulmana. Lougou era um Estado próspero. Era também um território bem guardado, pois, antes dos colonizadores franceses, teve que se proteger do islamismo dos sulani do império sokoto e do belicismo tuaregue. A esses vizinhos ameaçadores, Mangou e o seu exército resistiram bravamente, preservando sua liberdade, sua identidade e a integridade de seu território.

Desde o início, a história dessa mulher foi atípica. Órfã muito cedo, ela foi criada por um amigo de seu pai, que passou a ela todo o conhecimento que tinha. Por isso, Mangou aprendeu a manusear armas, a dominar feitiços e também a farmacopeia. O homem lhe transmitiu uma visão do mundo, uma maneira de ser. Essa educação pouco usual para uma menina a preparou para um destino extraordinário. Como qualquer sarraounia digna do cargo, ela praticava a arte da adivinhação, ou seja, comunicava-se com o invisível. Tomando liberdades de artista com essa figura retirada da literatura oral do sudoeste do Níger, Abdoulaye Mamani, em seu romance, deu a ela dois amantes, um guerreiro, outro griot, um tipo de contador de história/cantor/poeta da África Ocidental. Devemos agradecer a esse escritor e ativista político do Sahel por ter sonhado de forma poderosa com essa mulher e, através dela, ter permitido que ela transgredisse com tanta alegria uma regra que a realidade deve ter-lhe imposto. A princípio, a sarraounia, que recebia o título da antecessora,[48] devia renunciar à vida secular e, sobretudo, aos prazeres da sexualidade. Uma sarraounia era, portanto, tudo menos uma mulher livre: seus poderes, assim como seus deveres, restringiam-na. Honestamente, ninguém devia querer ser sarraounia. Mas não foi bem pela vida austera das portadoras de seu cargo que Mangou se tornou uma heroína popular e inspirou escritores, antes de ser transformada por regimes políticos pouco favoráveis ao desenvolvimento das mulheres.

Mangou é lembrada por ter destruído a missão Voulet-Chanoine, uma lembrança sinistra. Essa etapa da tomada dos territórios africanos pela França, que hoje tem o nome dos oficiais encarregados de conduzi-la, fez parte de um vasto projeto denominado Missão da África Central (1898) e foi confiada a três expedições que deviam se reunir no Chade. Alguns anos depois da Conferência de Berlim (1885), que selou a divisão da África entre as potências europeias, a França começou a construir seu império. Foi criada a AOF (África Ocidental Francesa), mas as fronteiras não tinham sido estabelecidas na parte central do continente. Também era preciso acertar as contas com um homem chamado Rabih, soberano de Bornu, que, para os franceses, ameaçava seus interesses na região porque pretendia reinar sobre o próprio feudo. A missão Foureau-Lamy foi enviada da Argélia para o ponto de encontro.

---

48   O ritual pelo qual a mulher recebe o cargo ocorre quando a sarraounia anterior morre.

A missão Gentil, por sua vez, partiu sem demora do Congo Francês. A missão Voulet-Chanoine partiu do Senegal, passou pelo Sudão Francês (atual Mali) e depois pelo Níger para encontrar as outras. Originário do Kanem-Bornu, um dos mais poderosos impérios africanos que já haviam existido, Bornu continuava sendo um extenso território cujas fronteiras abraçam o atual Chade, parte de Camarões e da Nigéria para simplificar. Seriam necessárias três expedições armadas para alcançar os objetivos traçados pela França na região.

As missões África Central e Voulet-Chanoine não serão discutidas aqui em detalhes. Elas estão perfeitamente documentadas. As façanhas de Paul Voulet e Julien Chanoine, autores de carnificinas nunca antes vistas, são bem conhecidas. Logo, a rainha foi obrigada a lutar, já que os estrangeiros não lhe deram escolha. As batalhas foram duras, mas os aznas não se renderam. Tiveram que recuar para a floresta próxima. Liderados por Mangou, eles foram para a mata e, de lá, continuaram a enfrentar os franceses acompanhados por seus escaramuçadores. Os invasores, surpreendidos pelo ardor da resistência que se opunha a eles, redobraram seus esforços violentos. Como a fama de soberana dos aznas a precedia, os soldados coloniais, originários de povos africanos, temiam sua magia, considerada poderosa. Alguns não quiseram enfrentá-la, e foi um exército sem coesão que incendiou Lougou em 16 de abril de 1899, antes de ver seus membros se atacarem, até a morte dos oficiais assassinados por soldados coloniais. A lenda atribui essas dissensões dentro da coluna Voulet-Chanoine aos poderes místicos da sarraounia, que teria usado tanto táticas de guerra quanto conhecimento oculto contra os invasores. Se consideramos honroso para um povo eleger uma mulher como guia espiritual, esse comércio com o invisível, quando se trata de resistência à opressão, reduz um pouco os méritos de Mangou. Claro, nem todos conseguem se associar a essas forças, mas é preciso notar a prontidão que as histórias têm de culpar o sobrenatural pelas ações de mulheres excepcionais. Mesmo Abdoulaye Mamani, que, em seu romance, dá a Mangou uma liberdade sem precedentes e um poder emancipatório que transcende épocas para atuar naquela em que o livro foi escrito, fez dela uma "rainha mágica". No entanto, talvez ele não estivesse totalmente errado. De fato, a feroz resistência dos aznas não superou a ação francesa, mas a rainha nunca foi presa. Mangou desapareceu e nunca mais reapareceu. Uma versão da lenda diz que ela se transformou em uma pantera negra para se misturar à floresta. O animal também nunca mais foi visto... Talvez por não terem conseguido expor seus restos mortais, os franceses não mencionam Mangou em seus arquivos militares. O silêncio dos vencedores, que acabaram por dominar a região, faz da história da sarraounia uma fábula inventada por um povo que queria valorizar a si mesmo.

Supondo que Mangou não tenha sido a mulher em quem acreditamos, é notável que a encarnação da resistência tenha sido simbolicamente confiada a ela. Foi a uma mulher que a lenda quis atribuir a atestada insubordinação dos habitantes da região, não a um herói masculino esperado e já visto. No filme de Med Hondo, a atriz Aï Keita Yara interpreta uma esbelta Mangou, de presença e autoridade impressionantes. Como o financiamento prometido pelo Níger não foi liberado, Thomas Sankara acolheu as filmagens em Burkina Faso. Como esses problemas incomodaram o diretor, Hondo tirou o país de origem da heroína de seu filme e a ofereceu à África, numa perspectiva pan-africanista (Bertho, 2019) que ele, inclusive, partilha com Abdoulaye Mamani. No longa-metragem, Mangou fala, portanto, more, a língua dos mussis de Burkina Faso. O filme obteve o prêmio principal da Fespaco[49] em 1987.

Sarraounia Mangou é hoje uma das referências femininas da África subsaariana e, claro, do Níger, onde encarna uma feroz resistência à opressão. Ela é um modelo de combatividade, resistência e insubordinação. Esperamos que ela tenha trocado seu casaco de pantera por uma pele de mulher na hora certa e se permitido experimentar os prazeres proibidos à sarraounia. Se ela não queria que seu corpo fosse encontrado, certamente era para não ter que designar, de seu leito de morte, a infeliz que teria de renunciar à vida livre para se dedicar exclusivamente aos seus deveres de chefe de governo e guia espiritual.

---

49  Festival Pan-africano de Cinema e Televisão de Uagadugu.

# PAX AFRICANA

A África subsaariana neocolonial precisa criar heróis e heroínas para si mesma. Muitas vezes, ela se contenta em exumar figuras de poder sem se interessar pelos princípios que guiaram suas ações, suas motivações, o sentido da história transmitida. Na África, como em outros lugares, é ao poder que a reverência é dada, e aqueles que foram submetidos a ele são rapidamente esquecidos. Na África, como em outros lugares, queremos ser representados por personalidades poderosas, independentemente de terem sido culpadas de atos hediondos. Nzinga, que resistiu aos invasores portugueses, é considerada uma heroína. É a mais citada, porque foi mencionada em arquivos europeus.[50] Tanto para os subsaarianos quanto para os afrodescendentes, ela lembra que a deportação transatlântica e a colonização foram combatidas. Diante do horror humano, vacilaríamos sem essas encarnações de resistência, por mais ambíguas que fossem. Sarraounia Mangou é agora uma heroína nacional em seu país, onde a história de sua resistência é ensinada nas escolas. Ao contrário das outras, ela é uma figura nobre, livre de reprovação, fácil de reivindicar. No topo da longa lista de mulheres subsaarianas que lutaram pela liberdade, ela ensina às mulheres de todo o mundo que as mulheres subsaarianas receberam uma herança inigualável de bravura. Para a humanidade como um todo, a figura da guerreira é um mito. Em todos os continentes, é marginal. A África pré-colonial afirma sua singularidade nesse sentido: guerreiras brotavam do território como quiabo no campo de Yennenga.

Amina de Zaria foi, acima de tudo, uma conquistadora. Isso faz dela uma heroína? Sim, a acepção vertical do termo, ou seja, segundo a visão mais violenta, mais assassina que podemos conceber. Amina de Zaria foi uma das construtoras de impérios que a história da humanidade semeou em todos os continentes, cuja posteridade se apoia sobre

---

50 As histórias afro-africanas de Moremi, Abraha Poku, Ahangbé etc. não aparecem em textos estrangeiros sobre o continente.

montanhas de cadáveres de inocentes. Não façamos dela uma construtora, porque tivemos algumas em nosso continente, e sua ação foi bem diferente. Ahangbé criou uma nova ordem social ao elevar o nível das mulheres, pelo menos durante sua curta regência, de 1708 a 1711. Também lembramos da rainha Mmanthatisi dos tlokwas, que defendeu seu povo contra os atacantes zulus e o conduziu para um território mais seguro, no atual Lesoto, garantindo assim a sobrevivência de todo um povo e criando uma nova sociedade. Este também foi o caso da "velha senhora", Abla Poku.

Na longa linhagem de combatentes subsaarianas, Amina de Zaria ocupa um lugar especial.[51] Ela foi uma das poucas a praticar a guerra apenas como esporte, com o objetivo principal de submeter os inimigos. Como Nzinga, cuja imagem de escravagista entrou para a História, Amina se distinguiu sobretudo pela dominação. Todas as outras — Ahangbé (Benim), mas também a rainha Kaipkire dos Hereros (Namíbia), Ndaté Yalla Mbodj dos Walo (Senegal), Yaa Asantewa do reino axanti (Gana), Menen Leben Amede (Etiópia), Nehanda Nyakasikana dos xonas (Zimbabue), ou Sarraounia Mangou de Lougou (Níger) — só pegaram em armas para se defender contra vizinhos agressivos ou colonizadores europeus. As duas últimas tiveram a particularidade de ter uma dimensão mística ligada à sua história, já que a lenda fez Sarraounia Mangou desaparecer na forma de uma pantera negra e Nehanda se apresentar como uma médium possuída pelo espírito dos ancestrais. Ambas se recusaram a se converter às chamadas religiões reveladas, o islamismo para Sarraounia e o cristianismo no caso de Nehanda. Elas também eram guias espirituais.

A essa lista não exaustiva de mulheres subsaarianas que marcaram a História por terem assumido a defesa do seu povo, acrescentemos

---

[51] É impossível falar aqui de Gudit (Etiópia), que supostamente depôs o imperador, coroou a si mesma, decidiu destruir o reino de Aksum (e conseguiu, deixando apenas cinzas dele) e a dinastia salomônica, sobretudo os homens. Sua história é polêmica, cheia de imprecisões, e as versões dela se sobrepõem apenas para evocar sua ação destrutiva, suas qualidades de guerreira e estrategista. A própria origem dela permanece um mistério, e muitos inclusive sugerem que ela foi uma prostituta. Certamente, temos muito a aprender sobre essa figura não consensual, que governou a região por 40 anos no século X.

uma mulher cuja atuação se singulariza pela capacidade que teve para evitar a luta armada — que teria dizimado seu povo. Okinka[52] Pampa Kanyimpa, a última soberana dos bijagós (Guiné-Bissau), é hoje venerada no arquipélago. Na época da colonização portuguesa, Pampa Kanyimpa foi instada por sua família a enfrentar militarmente o inimigo. Depois de avaliar o estado das forças que tinha, a rainha optou por uma solução mais pragmática, que permitiria a sobrevivência do seu povo. Ela autorizou os portugueses a desembarcarem, mas não a adentrarem no território. Eles receberam a comida desejada e foram embora. Por alguma razão misteriosa, talvez mística — já que a rainha também era uma alta sacerdotisa —, os portugueses, que estavam entre os colonizadores mais brutais, respeitaram o acordo e não atacaram a população menos armada. Foi a sabedoria de Okinka Pampa Kanyimpa que lhe rendeu a chance de ser elevada ao *status* de ancestral venerável, ao qual um culto é dedicado.

Entre os bijagós, as mulheres tinham uma posição rara. Cabia a elas, uma vez iniciadas pelas sacerdotisas, escolher seus maridos. Se quisessem se separar deles, podiam fazer isso e a casa ficava com elas. Antes da iniciação, a sexualidade das mulheres era livre; elas se entregavam a quem quisessem. Nenhuma decisão era tomada na comunidade sem o consentimento das sacerdotisas, que se comunicavam com os espíritos e a divindade. Opor-se às ordens delas podia causar o banimento da comunidade (Cherruau, 2010). As assembleias femininas que determinavam as orientações para a vida social eram proibidas aos homens, que tinham instituições próprias. Escolhidos por várias mulheres, que os compartilharam nesse caso, eles podiam ser polígamos, mas, nessa sociedade matrilinear, os filhos dependiam da família materna. A sociedade bijagó não excluía de forma alguma os homens. Era simplesmente governada por um equilíbrio aceito por todos. Quando era preciso cultivar arroz, os homens preparavam a terra e lavravam, e as mulheres semeavam e cuidavam da conservação das colheitas nos celeiros (Bourdillon, 2018).

---

52   A rainha.

Seria abusivo ver, na organização social dessas ilhas da Guiné-Bissau, um matriarcado que fosse o equivalente feminino do patriarcado. A distribuição de tarefas era igualitária, e nem homens nem mulheres abusavam de membros do sexo oposto. Claro, a sociedade dos bijagós está hoje ameaçada pela ocidentalização, e as mulheres que procuram ancestrais valiosas na memória subsaariana quase não mencionam Pampa Kanyimpa nem lamentam o desaparecimento do mundo em que ela viveu. A última soberana dos bijagós, cujo túmulo pode ser visitado, não parece interessar porque não foi uma guerreira no sentido estrito. No entanto, ela provou ser habilidosa o suficiente para proteger seu povo e seu modo de vida. Esse era o objetivo de todas as que foram forçadas a entrar na luta armada. Pampa Kanyimpa foi uma estrategista inspirada na força feminina, uma combatente da paz. É surpreendente que os criadores de ídolos subsaarianos não a reconheçam, porque ela agiu como uma mãe para seu povo. Isso devia ser suficiente para legitimá-la. O som e a fúria não aparecem em sua história, e os habitantes do arquipélago dos bijagós formam hoje uma população extremamente carente, do tipo que não desperta desejo nem afeição. No entanto, a história do domínio europeu sobre a África não a poupou. Através da história de Pampa Kanyimpa, é também desse povo que devemos nos lembrar.

As diferentes histórias aqui contadas revelam a natureza particular da noção de gênero em muitas sociedades subsaarianas pré-coloniais. As mulheres personificam o princípio feminino, a maternidade é sagrada, mas isso não induz à fraqueza física, à falta de autoridade, força, inteligência nem coragem. As governantes mencionadas nestas páginas geralmente incluíam mulheres em seus exércitos. Elas também valorizavam qualidades que, reconhecidas por todos, as tornaram guias de povos inteiros em situações extremamente difíceis. O que emerge disso é uma visão de feminilidade muito mais ampla do que a definição aceita em outros lugares. Lembremos que, ao verem as soldados de Daomé, os europeus decretaram que essas combatentes nada tinham de feminino. Aliás, um dos principais problemas que Nzinga causava aos invasores portugueses era o fato de ser mulher. Claro, eles queriam subjugar qualquer rei que encontrassem, mas a ideia de uma mulher reinar ou alegar fazê-lo era inaceitável para eles, independentemente do consentimento do povo dela. Quando o governador Fernão de Sousa a substituiu por um homem da sua família — coisa que a tradição Mbundu não autorizava —, ele ofereceu a Nzinga o *status* inferior, pois era feminino no sentido português, de "irmã do rei", e viu nisso uma honra que ela não poderia recusar.

> De muitas maneiras, ele ofereceu a ela uma opção muito melhor do que a frequentemente oferecida às mulheres das famílias reais europeias que se recusavam a ser excluídas da vida política. Na Europa, uma mulher tão provocadora sem dúvida teria sido casada à força com o príncipe de uma província distante, trancada em um convento ou em uma masmorra... (Heywood, 2018, p. 121).

Vimos, com a deposição de Ahangbé, também na África, que era possível tomar como pretexto as supostas transgressões das mulheres para retirá-las do poder. O fato é que as governantes subsaarianas, cujos nomes e pelo menos partes da história chegaram até nós, muitas vezes não foram contestadas por causa de seu sexo. E quando só tinham o título por terem casado com o monarca, sempre que seu temperamento e seu interesse pelos assuntos do Estado as impeliam, elas não se contentavam em murmurar seus conselhos à noite, na cama. Elas agiam. Tomemos o exemplo de Taytu Betul, penúltima imperatriz da Etiópia. Quando se casou com o homem que se tornaria o imperador Menelique II, conhecido por ter derrotado os invasores italianos durante a Batalha de Ádua (1896), Taytu Betul já tinha sido casada quatro vezes. Em qualquer corte do mundo, tal registro não permitiria que ela se unisse a um rei. De fato, quando os dois se casaram, Sahle Maryam, que escolheria Menelique II como o nome do imperador, já era rei de Xoa. E foi ao lado dela que ele alcançou o título imperial de "rei dos reis".

Imperatriz, Taytu Betul concedeu a si mesma o direito de opinar nos assuntos do país. Alfabetizada, de inteligência aguçada, ela codirigia o Estado. Taytu Betul, que foi a primeira a entender os objetivos ocultos dos italianos, achou seu marido muito diplomático. Ela incitou a desconfiança do imperador e não hesitou em escrever aos italianos para que entendessem o que ela estava pensando e a futilidade de seus projetos. Foi também ela que levou o imperador a se preparar para a batalha. Ela criou um exército em sua região natal e foi inteiramente responsável pelo abastecimento das tropas. E seu papel não se limitou a isso.

> No campo de batalha, durante a famosa Batalha de Ádua em 1896, ela provou ser uma formidável coronel. Em Mek'ele, foi ela quem traçou o plano que daria a vitória ao exército etíope. (Descamps, 2018)

No dia da vitória final, Taytu Betul se apresentou a cavalo, ao lado do marido, demonstrando assim sua participação. Diz-se que Adis Abeba se tornou a capital da Etiópia porque Taytu Betul, que amava o lugar, quis construir uma casa lá. Como a Etiópia não foi colonizada, a Batalha de Ádua, cujo sucesso deve muito a Taytu Betul, é considerada a primeira vitória de um exército africano sobre colonos europeus. O pan-africanismo defendido por Menelique II e Taytu Betul contribuiu para forjar esse forte símbolo para os subsaarianos e afrodescendentes. Deve-se notar, no entanto, que foram os zulus, cujo rei era então Cetshwayo kaMpande, os primeiros a derrotar um exército colonial. Sem o equipamento moderno de seus inimigos, eles infligiram uma derrota memorável aos ingleses em 22 de janeiro de 1879, durante a batalha de Isandhlwana... Mas voltemos a Taytu Betul, à afirmação que deve ser ouvida em sua história, em todas as apresentadas ao longo destas páginas: as mulheres são indivíduos, pessoas. Como tal, e quaisquer que sejam as condições, o que nelas habita será expressado. Claro, as coisas são mais fáceis para as mulheres de alto escalão. No entanto, como veremos mais adiante, as menos privilegiadas também conseguiram se fazer ouvir e impactar a sociedade por meio de sua ação.

As mulheres subsaarianas não precisaram desenvolver uma doutrina política para imprimir sua marca no mundo que as cercava. Sempre é possível deplorar o fato de que as mulheres não são mais aceitas em certos círculos, mas, na maioria das vezes, os homens também são excluídos. Nem todos eles são inventores brilhantes ou supostos heróis.

Acontece que o esplendor daqueles que são reflete nas massas. Corrigir isso no caso das mulheres é fácil. Basta divulgar suas realizações, sua contribuição para a construção de civilizações. Os méritos dos indivíduos não devem ser restritos ao campo político ou militar, embora tenhamos tocado muito nesses aspectos para sublinhar o lugar das mulheres no palco da história da África subsaariana. Quando não governavam, quando não eram guerreiras, as mulheres subsaarianas eram agricultoras e, às vezes, se tornavam proprietárias de terras a quem os homens não tinham escolha senão obedecer. Elas foram e permanecem, especialmente na África Ocidental, comerciantes astutas e sustentam famílias, clãs inteiros, graças à opulência de seus rendimentos. Sacerdotisas, curandeiras ou anciãs, elas foram e continuam sendo colaboradoras privilegiadas do divino, mediadoras entre os planos vibratórios.

Hoje, as mulheres subsaarianas brilham em todas as áreas da vida social, incluindo as ciências exatas. As desigualdades persistem, mas não definem as mulheres. Elas não são o que lhes foi infligido, o que tentaram fazer com elas. Todas, no lugar onde se encontram, nas condições de que usufruem ou que têm de enfrentar — e não sofrer — podem trazer ao mundo sua cota de luz. Embora seja obviamente importante garantir que todos os membros de certa sociedade tenham o máximo de possibilidades de determinar que os próprios futuros se realizem conforme suas aspirações, ninguém concebe um mundo povoado por líderes de empresas multinacionais, e isso é bom. Algumas pessoas, inclusive mulheres, querem sobretudo criar cabras. A valorização do lugar ocupado pelas pessoas na sociedade ainda tem muito a ver com essa visão vertical das coisas, essa concepção muitas vezes nefasta de poder, que confere maior prestígio à ação das chamadas camadas superiores. A expressão transmite a noção de hierarquia social que os povos do mundo aceitaram em todo o mundo e à qual muitas sociedades subsaarianas permanecem particularmente ligadas. Sem revisar essa forma de apreender o mundo e os seres presentes nele, as batalhas travadas para reabilitar o lugar da mulher conservarão um sabor de incompletude. Como vimos, não basta que as mulheres façam parte da casta dominante para elevar a humanidade a um novo patamar.

# COLETIVOS
# DE MULHERES

Deixemos agora as mulheres poderosas para nos concentrarmos naquelas de origem popular, a fim de destacar as muitas práticas sociais e lutas coletivas que existiram principalmente no período colonial. Também aqui seria possível atravessar todo o espaço subsaariano, sem mencionar todas as vivências significativas das mulheres nessa região do mundo. Essa tarefa titânica, portanto, não será realizada aqui. Tentaremos apenas mostrar, por meio de alguns exemplos, algumas das ações que permitiram enfrentar a hegemonia masculina, desmitificá-la. Tentaremos mostrar também como as sociedades femininas tradicionais se instalaram nos países colonizados, porque era normal que as mulheres se fizessem ouvir e recorressem a métodos próprios. Acostumadas a se agrupar em instituições femininas, iniciáticas ou não, as mulheres subsaarianas souberam usar a força do coletivo. E muito antes da era colonial, fora de qualquer contexto ritual, simplesmente para preservar sua integridade e sua liberdade, elas já tomavam decisões radicais, chegando até o suicídio. Esse foi o trágico destino abraçado pelas mulheres de Nder, capital de Waalo (atual Senegal), na época do longo período de tráfico humano árabe-muçulmano.

Segundo uma das múltiplas versões da história, Nder já tinha sido atacado pelos mouros que, a essa altura, atravessavam o país à procura de cativos. As mulheres eram especialmente valorizadas, pois podiam se tornar escravas domésticas e sexuais. Muitas delas tiveram esse destino funesto. Durante o primeiro ataque a Nder, os agressores garantiram a ausência dos homens, ocupados com tarefas que os mantinham afastados durante o dia. As mulheres lutaram, usando qualquer coisa que pudesse servir como arma quando não as tinham. E, ao enfrentar os agressores, elas os derrotaram e os expulsaram. Mas eles iam se vingar e elas já esperavam isso. Mas não tinham meios para vencer novamente. Elas lutaram pela honra. De acordo com outra versão da história, houve apenas um ataque, em um dia em que os homens estavam ausentes. O resultado é sempre o mesmo: as mulheres enfrentaram bravamente seus agressores, mas eles levaram a melhor.

Encurraladas, as mulheres de Nder optaram por se imolar pelo fogo para não serem reduzidas à escravidão. Todas morreram, sem distinção de condição social, unidas na recusa à servidão. E, se a história delas chegou até nós, não há dúvida de que alguns de seus filhos, escondidos nos campos por orientação dos mais velhos, assistiram à batalha e às suas consequências. Conta-se também que uma das mulheres, grávida, escapou da cabana onde todas estavam reunidas. Embora Mbarka Dia, conselheira da rainha e líder das mulheres, tivesse incendiado o prédio, aquela futura mãe não tinha coragem de morrer. As outras a teriam deixado sair para que ela contasse a história de todas elas. E, de fato, era preciso ter estado naquela cabana — escolhida porque abrigava o conselho dos sábios — para saber que as mulheres ali haviam se abraçado e entoado um canto e, que, aos poucos, suas vozes foram silenciadas.

O suicídio coletivo das mulheres de Nder é muitas vezes visto como um sacrifício nessa África subsaariana que, como vimos, não odeia quando as mulheres renunciam ao que lhes é caro pelo bem da comunidade. Embora seja verdade que elas tenham tido o cuidado de garantir que seus filhos fossem levados para um local seguro, eles desfrutavam apenas de uma segurança relativa. Os mouros os teriam capturado se quisessem. Teria bastado um pouco de paciência, já que os fugitivos não teriam ficado escondidos na floresta para sempre. E, mesmo ali, com um pouco de motivação, cavaleiros armados os teriam expulsado. Portanto, eram as mulheres que seriam levadas. Elas sabiam disso. Não foi sobretudo para proteger a comunidade que fizeram aquela escolha extrema. Foi porque a ideia de servidão lhes era inconcebível, porque prezavam sua liberdade, porque se recusavam a abrir mão de sua dignidade. Seus agressores as derrotaram militarmente, mas a vitória final seria delas.

Devemos ver essas mulheres como heroínas? Esse adjetivo é sempre útil para enfatizar a coragem ou a nobreza? Não haveria, nessa necessidade de encontrar a imagem feminina do herói, um apagamento das profundas aspirações femininas e do modo como as mulheres se veem? As mulheres de Nder não lutaram para serem heroicas, para provar sua capacidade de se defenderem sozinhas. Agredidas, elas não tiveram escolha a não ser retaliar. Seu suicídio, ao contrário dos insurgentes de Guadalupe contra o retorno da escravidão, por exemplo, poderia muito bem ser percebido como egoísta. Ao recusar a vida de servidão que as esperava nas mãos dos mouros, elas aceitaram o risco de ver seus filhos — inclusive as meninas — serem raptados ou massacrados. Naquele episódio, as mulheres pensaram apenas em si mesmas, até o último instante. É uma situação óbvia, mas é tão transgressiva que fingimos não a perceber. A ideia é chocante, inclusive para as mulheres que, como todas as outras, se apegam sobretudo à batalha, ao envolvimento, por parte das sitiadas, em um domínio percebido como masculino, à coragem tão grande que suplanta o medo de morrer.

No entanto, o próprio ato de tirar a própria vida é uma transgressão em muitas sociedades subsaarianas, embora haja exceções. Sobretudo para as mulheres, ainda hoje ouvimos que se espera é que elas suportem o pior, e não que o evitem. Não sabemos o que os homens da comunidade fizeram quando voltaram para Nder. É lamentável que a história não diga nada sobre isso, mas provavelmente saberíamos se eles tivessem tentado retaliar o ataque dos mouros, de uma forma ou de outra. Seja como for, sem pensar ou formular essa afirmação, o que as mulheres de Nder preservaram e levaram consigo foi um universo. Um mundo de mulheres cuja inviolabilidade elas protegeram.

Em muitas ocasiões na história da África subsaariana, grupos de mulheres se levantaram contra a injustiça que as atingiu. Muitos desses acontecimentos são conhecidos, especialmente se ocorreram durante o período colonial. No entanto, raramente enfatizamos que, se as mulheres estão se rebelando coletivamente, sem a intervenção dos homens, é porque estão fazendo mais do que se opor a uma ordem iníqua. Nesse caso, sua oposição a essa ordem diz respeito, antes de tudo, à maneira como ela afeta suas prerrogativas particulares ou atenta contra a integridade de seus espaços, sejam eles sociais, iniciáticos ou íntimos. Elas não precisam indicar de forma precisa, pois isso é facilmente percebido. Sabemos que os colonizadores não levaram em conta as sociedades femininas quando vieram reestruturar os países colonizados. E, como essas instituições femininas lhe eram desconhecidas, eles não se referiam a elas, não tinham consciência da sua importância nas comunidades nem as incluíam na gestão dos negócios como faziam com os homens.[53]

As revoltas das mulheres muitas vezes os surpreendiam, pois as decisões que as provocavam tinham sido tomadas sem pensar no impacto que teriam no domínio das mulheres. São principalmente esses movimentos que discutiremos. Muito mais do que as trajetórias individuais de figuras de poder, trajetórias muitas vezes facilitadas pelo alto *status* social dessas figuras, são as lutas coletivas das quais as mulheres comuns tomaram parte que melhor revelam sua participação concreta na vida social. Já demonstramos que os grupos de mulheres não gozavam de nenhuma consideração sob o domínio do patriarcado colonial. Os homens, por sua vez, automaticamente encontravam seu lugar na nova ordem das coisas e se adaptavam a ela — quando não eram rebeldes, e nem todos eram —, sem se preocupar em restabelecer o *status* das mulheres. Por isso elas se encarregaram disso, de forma contundente, e por vezes enfrentaram uma repressão brutal. E, na maior parte dos casos, sua ação influenciou consideravelmente o curso da História.

---

53  Às vezes, eles recorriam a mulheres que se associavam a eles por conta própria. Esse foi o caso de Guimbi Ouattara, no que hoje é Burkina Faso, ou de Madame Yoko, em Serra Leoa.

# SENTAR-SE SOBRE O MACHO

Várias leituras foram feitas do importante evento de que falaremos agora. Para os habitantes da Ibolândia e da Ibibiolândia, ela foi *ogu umu nwanyi*, a guerra das mulheres. Para as autoridades coloniais, foram os *Aba Women's Riots* — os motins das mulheres de Aba. Mas não importa que nome seja dado a esses fatos. O que não podemos subestimar é que as mulheres foram as iniciadoras, as atrizes e as vítimas deles, e que seu número foi considerável. A iniciativa começou na região dos igbos, no sudeste da Nigéria, no final de novembro de 1929. O período colonial estava no auge e o ano também foi marcado por uma crise econômica mundial que afetaria os países colonizados. Assim como outros colonos, os britânicos optaram por confiar o governo a notáveis da região, mas é a eles que mais se atribui essa prática. O *indirect rule*, a delegação parcial da autoridade colonial, mostra como os subsaarianos foram levados a colaborar com sua própria opressão. Alguns notáveis aceitaram muito bem esse papel, desconsiderando os interesses de suas comunidades. Esses supostos chefes nativos tinham sido nomeados pelo poder colonial. Tendo a seu cargo as comunidades que os consideravam ilegítimos, mas não podiam retirá-los do poder, instalados para realizar as obras de base dos colonizadores, eles só podiam se relacionar de forma pouco pacífica com as populações.

Foi nesse contexto que surgiu um desentendimento entre uma mulher chamada Nwanyeruwa e um agente responsável por calcular o imposto em nome do chefe, chamado Okugo. Ele tinha sido nomeado pelo administrador colonial da região. Segundo o coletor de impostos, não se tratava apenas de contar as mulheres da região, mas de tributar produtos, como aves ou pequenos animais, normalmente propriedade delas (Fiéloux, 1977). O boato se espalhou e, em dezembro de 1929, as mulheres de Calabar e Owerri se rebelaram e invadiram os centros urbanos, especialmente a cidade de Aba, alvo de sua raiva. As líderes da rebelião eram principalmente comerciantes, mulheres que ainda hoje encontramos nos mercados que abastecem clientes com produtos alimentares, muitas vezes perecíveis. Tal atividade tem sua parcela de dificuldades em tempos normais. A aplicação de impostos sobre as mercadorias, em tempos de crise, teria levado ao aumento dos preços e prejudicado o comércio. Para além da dimensão econômica, o que essa revolta revela é também a forma como a ordem colonial desestruturava as relações entre os sexos, em detrimento das mulheres, com o consentimento dos homens que colaboravam com os colonizadores. Ao contrário do que veremos em outros lugares, as crônicas do acontecido não mencionam a participação dos homens nessa luta que também os envolvia como consumidores, como membros de famílias cuja situação se tornaria ainda mais precária — um imposto por capitação já os atingia desde 1925 —, como cônjuges e como vítimas do poder colonial... Eles tinham todo motivo possível para auxiliá-las naquela luta.

As mulheres tiveram que defender sozinhas o que era ao mesmo tempo seu sustento e uma das raras possibilidades de se promoverem numa sociedade colonial que tornara obsoletas as instituições tradicionais que outrora transmitiam a sua voz. As manifestações chegaram a incluir vários milhares de mulheres e, no auge da luta, a reunir 25 mil manifestantes. Elas atacaram os tribunais nativos, administrações e empresas coloniais. O mais famoso ataque foi ao Barclay's Bank, que foi saqueado. Durante essa revolta, as mulheres reativaram um processo de protesto decorrente de sua tradição que também seria visto no vizinho Camarões, em circunstâncias semelhantes. Essa prática que, entre os igbos, era chamada de *siton a man* — sentar-se em cima de um homem — ou *making waron a man* — declarar guerra a um homem — consistia em saquear a casa de um indivíduo que havia prejudicado uma mulher ou a comunidade feminina. Antes do período colonial, essa prática permitia que as mulheres, dentro da sociedade igbo, fortemente patriarcal, se fizessem ouvir politicamente:

> Se a autoridade política das mulheres fosse ignorada em sua comunidade, elas organizavam um boicote ou uma greve para trazer os homens à ordem, ou podiam decidir "se sentar" sobre o malfeitor ou "declarar guerra" contra ele... "Sentar-se" sobre um homem implicava reunir-se em sua propriedade,

às vezes tarde da noite, para dançar e cantar canções ofensivas, que expunham em detalhes os crimes do culpado. Elas desfiavam sua virilidade, batendo com pilão nas paredes de sua casa. Às vezes, a casa do homem era demolida ou coberta de lama, e o indivíduo, espancado. (Mbah, 2017)[54]

Isso também funcionava quando as mulheres tinham que dar queixa não contra apenas um, mas contra um grupo de homens. Nesse caso, elas acrescentavam, ao que acaba de ser exposto, uma série de outros atos de protesto, inclusive dentro de suas casas, e até seus pedidos serem atendidos. Na sociedade colonial, as mulheres que participavam dessas revoltas vinham das classes trabalhadoras. Seu *status* podia ser diferente quando elas voltavam para suas comunidades, mas, na cidade, embora seu comércio pudesse ser uma fonte de prosperidade, essas mulheres não eram as mais favorecidas. Não pertenciam à elite evoluída, corpo constituído pelos que serviam como assistentes do poder colonial por terem estudado em escolas europeias. Ativas, como seus costumes ancestrais já permitiam, elas exerciam uma profissão que lhes garantia uma autonomia financeira conhecida por suas ancestrais e transmitida de geração em geração. A preocupação dessas mulheres não era ser igual aos homens, mas salvaguardar um domínio feminino. O que sua história traz para a outra língua das mulheres é a lembrança da existência de tal domínio, para além da questão do ritual, do culto e fora de casa. E foi por isso que primeiro coube às mulheres liderar a luta. A revolta feminina de 1929 surpreendeu pela sua extensão e pelo seu ardor. Violentamente reprimida, ela começou com uma sessão bastante clássica de um *sitting on a man* dirigida ao chefe Okugo, zeloso auxiliar da administração colonial que havia despachado o agente para fazer uma contagem dos bens das mulheres.

---

54 *"If women's political mandate to their communities were ignored, they launched a boycott or a strike to force men to police themselves or they might decide to "sit on" or "make war on" the offender... To "sit on" a man involved gathering at his compound, sometimes late at night, dancing, singing scurrilous songs that detailed the individual's offense and challenged his manhood, banging on his house with pestles, demolishing his house or plastering it with mud, and beating the individual."*

Por causa da recessão de 1929, a alíquota fixada em 1925 se tornou insuportável. Okugo, portanto, tomou a iniciativa de realizar um novo censo familiar, que levaria em consideração os bens familiares, pertencentes às mulheres. Foi ao ver que tinham ido contar suas cabras e ovelhas que Nwanyeruwa se rebelou. Preocupadas com o que lhes poderia acontecer, as mulheres da região se mobilizaram e procuraram o administrador colonial. Seu protesto resultou na detenção de Okugo, e elas obtiveram uma garantia por escrito de que não seriam tributadas. A prisão do chefe encorajou as mulheres de 16 outros tribunais nativos: elas também desejavam se livrar de seus *warrant chiefs*,[55] e até de toda a estrutura montada para a aplicação da *indirect rule*. Foi por isso que se sentaram sobre os *warrant chiefs*, incendiaram os tribunais nativos e tiraram detentos da prisão. Como podemos ver, a questão tributária foi apenas o catalisador de uma revolta anticolonial. Mesmo quando foi resolvida, as mulheres permaneceram mobilizadas e seu número continuou a crescer. A repressão colonial se tornou assassina em 15 de dezembro, fazendo 18 vítimas entre as rebeldes. Em 16 de dezembro, quase 40 mulheres foram mortas, 30 foram baleadas e 8 morreram afogadas em um rio. Algumas aldeias foram incendiadas pelos britânicos e outras tiveram que pagar indenizações coletivas ao poder colonial (Hiribarren, 2016). A resposta dos colonizadores foi tão violenta que o uso da palavra "guerra" pela população da região é compreensível. Foi de fato uma guerra travada contra as insurgentes. A ação delas provocou reformas significativas, uma vez que o poder britânico acabou com os *warrant chiefs* e decidiu incluir as práticas locais em seu sistema administrativo.

Os métodos usados durante a guerra das mulheres se repetiram nos Camarões sob administração britânica, durante um evento denominado *Anlu rebellion*, que aconteceu de 1958 a 1961. Para as mulheres dessa

---

55   Chefes nomeados pelos colonizadores dentro da *indirect rule*. Não eram chefes tradicionais em sentido estrito, pois as zonas incluídas nesse sistema não tinham chefes anteriores. Como sabemos, algumas comunidades subsaarianas eram acéfalas. Esse podia ser o caso dos igbos. Quando elas tinham chefes, os colonizadores recorriam a líderes que concordavam em colaborar com eles ou a chefes que tinham substituído os legítimos titulares. Os franceses recorriam frequentemente a esse processo, e os regimes neocoloniais mantiveram essa prática.

região, não se tratava de imitar as revoltas da Ibolândia. Elas apenas recorreram a práticas ancestrais para proteger o domínio feminino, o que revela uma proximidade cultural entre esses povos vizinhos. Em 4 de julho de 1958, eventos impressionantes se sucederam em Njinikom, um vilarejo localizado na região de Bamenda, no que hoje é a província do Noroeste de Camarões. Alarmadas com os boatos da venda de suas terras aos igbos da vizinha Nigéria e insatisfeitas com a nova legislação que afetava suas práticas agrícolas, as mulheres usaram a Anlu, uma instituição centenária, para mostrar sua revolta. Pela manhã, reuniram-se em frente à sede do conselho da aldeia, onde Chia K. Bartholomew, membro daquele conselho, havia anunciado, em nome das autoridades nativas, que a lei do cultivo entraria em vigor em breve. Antes da saída dos membros do conselho reunidos, as líderes da Anlu começaram seu protesto emitindo um grito agudo. Era um aviso. Testemunhas afirmam que esse uivo causou terror em todos que o ouviram. As pessoas chegaram correndo de todos os lados, enquanto as mulheres executavam os passos de uma dança selvagem. Brandindo galhos recém-cortados, com o rosto coberto de folhas e trapos velhos, elas entoaram um canto ameaçador.

A descrição acima é relatada por Eugenia Shanklin, em *Women and Revolution: Global Expressions* (Shanklin, 1998). Era sobre Chia K. Batholomew, um professor da região, que a tropa de mulheres queria se sentar. Quando ele saiu da sede do conselho, elas correram atrás dele, insultando-o e atirando pedras. Ele se refugiou em um banheiro da casa de um padre e não saiu até que o silêncio voltasse. As mulheres foram até a casa dele no final do dia, ainda mais ameaçadoras. Como costuma acontecer nesta prática, que consiste em degradar o hábitat do culpado para o agredir, atacaram a construção, defecaram e urinaram sobre ele, expondo suas partes íntimas. Logo se juntaram a elas mulheres de outras aldeias. Esse *anlu* — a palavra designa aqui essa prática —, descrito como político por Shanklin, uma vez que visava ao sistema colonial e às autoridades tradicionais, duraria três anos, durante os quais as mulheres perturbaram significativamente a ordem pública. Escolas e mercados foram fechados, estradas foram bloqueadas, prisões decretadas pelo *fon* — o rei — foram ignoradas, ritos fúnebres foram interrompidos. É bom lembrar que a agricultura, ameaçada tanto pelo projeto de cessão de terras aos igbos como pela aplicação das novas leis, era, naquela região, domínio das mulheres. Em defesa de seus direitos, elas desafiaram todos os poderes reunidos contra elas e criaram uma administração alternativa encabeçada por duas de suas líderes. Com sede no vilarejo de Wombong, elas se opuseram às instituições tradicionais dirigidas por homens. Quando o palácio do *fon* foi atingido por um incêndio, as membras do Anlu proibiram os operários de reconstruí-lo. Elas literalmente viraram o mundo de cabeça para baixo. Quando a ação terminou, o partido no poder, Kamerun National Congress, foi derrotado. A longa revolta das mulheres de Kom foi decisiva para o triunfo do Kamerun National Democratic Party em 1961.

Claro, isso aconteceu em uma região de Camarões (Ndenge, 2016).[56] No entanto, as insurgentes de Kom, colonizadas e abandonadas pelas tradicionais estruturas masculinas, teriam lições a dar aos militantes do mundo. É raro que uma revolta dure três anos, e pouco comum que mulheres estabeleçam um corpo governante não misto, não para alcançar a igualdade com os homens, mas para afirmar a própria soberania. Outro aspecto dessa luta demanda respeito: a coesão do grupo ao longo do tempo e apesar dos danos causados à vida familiar. A guerra das mulheres igbos e de suas companheiras nas savanas camaronesas leva a uma relativização da dominação masculina. Como demonstram esses dois exemplos, o poder dos homens só pode ser exercido com o apoio das mulheres. Assim que elas o contestam porque ele retira o delas, ou por outros motivos, o poder masculino vacila.[57] O que também percebemos é que as ações femininas não são necessariamente realizadas com delicadeza e desmentem a suposta fragilidade atribuída às mulheres. Os

---

56  O país tinha muitas associações de mulheres em outras províncias, por motivos diferentes, e bem antes de 1958.

57  Assim, é possível imaginar que a famosa revolução neolítica, que deu o poder sobre a sociedade aos homens, fez isso com a aprovação das mulheres. De fato, durante as eras anteriores, elas participavam de todas as atividades. Elas são, portanto, *a priori*, robustas e capazes de se unir para enfrentar os homens...

homens que foram vítimas de espancamentos regulares pelas mulheres do Anlu podem testemunhar isso. Essa região das savanas camaronesas sempre teve essas sociedades de mulheres. O Anlu e o Fombuen,[58] que se uniram em 1958, estão entre as mais antigas. Restritas ao meio rural, reunindo mulheres de comunidades específicas, elas não se adaptaram à cidade, às mudanças e miscigenações ali ocorridas. Já a Takumbeng (Fonchingong; Tanga, 2007), outra sociedade feminina das savanas anglófonas, soube desempenhar o papel de interface entre o campo e a cidade, integrando membros pertencentes a diferentes comunidades.

Regenerando-se no período pós-colonial, os Takumbeng, sociedade também antiga e forte, contaram com os costumes das mulheres para ampliar seu campo de atuação. Reunindo mulheres de meia-idade, as mais respeitadas segundo a tradição, a associação se encarregou de questões relacionadas à governança e ao respeito aos direitos humanos. Foi na década de 1990, a do advento do multipartidarismo e das grandes manifestações populares nos Camarões, que o Takumbeng se firmou como uma estrutura feminina capaz de enfrentar os desafios da era pós-colonial. As ativistas da associação, provenientes de cerca de 20 tribos, eram principalmente moradoras da cidade. A morte de várias pessoas durante o período conhecido pelos camaroneses como o das "cidades mortas" — ativistas pela democracia que haviam chamado a população a cessar todas as atividades — é mencionada como tendo sido catalisadora para o ressurgimento do Takumbeng. O Social Democratic Front, partido político com raízes nos Camarões anglófono, acabara de ser criado em Bamenda. As mulheres estimulavam a desobediência civil e a recusa de qualquer obstrução ao processo democrático por parte do regime vigente. Elas protestavam contra a marginalização dos cidadãos de língua inglesa — uma minoria no país —, as prisões arbitrárias e a brutalização de pessoas honestas com base em suas afiliações políticas. Se, para elas, não se tratava de defender um domínio especificamente feminino, essas mulheres justificavam sua

---

58  O Anlu reúne as mulheres kom, e o Fombuen, as mulheres kedjom. Ambos os grupos pertencem à mesma área geográfica e cultural.

participação na luta pela democracia destacando sua condição de mães, fosse ela real ou simbólica. Foi, portanto, como mulheres, protetoras da vida, que se levantaram contra a injustiça:

> [...] como mães, era impossível para elas se dissociarem de seus filhos que morriam nas ruas porque exigiam uma verdadeira democracia. As dores do parto e em seus corações maternais exortavam as mulheres a restaurar a ordem quando o caos era iminente. (Fonchingong; Tanga, 2007)[59]

Assim, fica claro, mais uma vez, que o envolvimento das mulheres nas batalhas políticas não visa necessariamente à igualdade entre elas e os homens. Essa não é a força motriz por trás da iniciativa, o que não significa que as manifestantes teriam recusado os direitos delas antes privados. Sua luta era, sobretudo, para preservar os direitos de que sempre haviam desfrutado. As mulheres subsaarianas, em geral, têm uma percepção de si mesmas, de sua função social, que não compete com a do outro sexo. Elas dispõem de instituições que são capazes de reagir quando surge uma crise. O que o Takumbeng mostra é a capacidade de as sociedades tradicionais femininas se adaptarem à época contemporânea sem se distorcer. O Takumbeng manteve as velhas práticas (cantos, lamentos, súplica, exibição de partes do corpo geralmente escondidas etc.) para protestar. Consideradas detentoras de poderes maiores do que as mulheres jovens, as integrantes do Takumbeng, por já terem alcançado a idade da menopausa, gozavam de uma autoridade inegável.

Para essas mulheres, expor seus corpos foi e continua sendo percebido como a expressão de uma reprovação comparável ao pronunciamento de uma maldição. Aliás, é interessante notar que a África subsaariana, de leste a oeste, conhece essa maneira de as mulheres expressarem sua raiva. No Quênia, por exemplo, foi levantando a saia para expor suas partes íntimas que Mary Muthoni Nyanjiru, uma ativista

---

[59] "[...] as mothers, they could not be unsympathetic to their children dying in the streets for want of a genuine democracy. The pains of childbirth and pangs of motherhood urge women to create order where chaos is imminent."

anticolonialista, desafiou os homens a protestarem e incentivou as mulheres a invadirem a prisão em que estava Harry Thuku, líder da Associação da África Oriental. Muitas de suas companheiras e ela mesma foram mortas naquele dia, mas Mary Nyanjiru é, até hoje, um símbolo da luta anticolonialista das mulheres no Quênia. Gerações de ativistas cantaram o "Kanyegenuri", uma música que comemora o protesto das mulheres em Nairóbi, em 1922 (Sheldon, 2005).

Voltando ao Takumbeng, sua atuação foi fundamental para consolidar a formação do Social Democratic Front, principal partido político do Camarões anglófono. A permanência do envolvimento das mulheres na vida política subsaariana não precisa mais ser comprovada. Os caminhos individuais são mais difíceis, mas também existem e nada lhes falta, se os compararmos aos das mulheres de outras regiões do mundo. Uma coisa é certa: os coletivos femininos nunca deixaram de atuar no continente nem de fazer isso de acordo com sua própria visão das coisas. Durante o período colonial, foi sobretudo para defender os próprios interesses que as mulheres se rebelaram, como vimos na Nigéria (1929) e em Camarões (1958-61), mas também no Togo (1933), por motivos semelhantes às que haviam levado as mulheres da Ibolândia ou das savanas a se revoltarem. Embora as mulheres obviamente participassem das lutas anticoloniais como um meio não de preservar suas prerrogativas particulares, mas de libertar a nação do jugo do opressor, elas frequentemente o faziam dentro de grupos de mulheres afiliados a movimentos de independência. Isso aconteceu em vários países subsaarianos, mas vamos citar o exemplo das mulheres do RDA (Rassemblement Démocratique Africain), no que era então o Sudão Francês (Ministère des Colonies, 2023).[60]

Nessa importante colônia da África Ocidental Francesa, na década de 1950, enquanto as forças políticas locais e estrangeiras se enfrentavam

---

60  O Sudão Francês corresponde ao atual Mali. Essa colônia teve vários nomes, pois foi Território do Alto Senegal e Médio Níger (1898-1902), Território da Senegâmbia e do Níger (1902), Alto Senegal e Níger (1904), depois Sudão Francês (1920). "Colônia francesa até 1946, território ultramarino de 1946 a 1958, o Sudão Francês se tornou uma república autônoma em 24 de novembro de 1958, depois conquistou a independência em 22 de setembro de 1960, sob o nome de República do Mali".

de forma violenta, o RDA se impôs como o partido mais importante. Essa formação política soube se apoiar sobre a juventude e sobre as mulheres. Modibo Keita, que se tornaria presidente do Mali independente de 1960 a 1968, defendeu a criação de seções femininas no RDA. A boa implantação do partido nas regiões seria avaliada segundo esse critério. As mulheres, separadas por suas classes, encontraram uma forma de unir forças e dividir as tarefas.

> A parteira Aoua Keita conta, em sua biografia, como conseguiu reunir as mulheres de Gao numa comissão não mista... Uma divisão de tarefas foi realizada dentro da estrutura, com base nas competências de cada mulher: às instruídas, cabia o secretariado e o tesouro, enquanto as "iletradas" se encarregavam da propaganda e do controle dos "pontos nevrálgicos da cidade". (Rillon, 2016).

E, de fato, as mulheres das classes trabalhadoras estiveram na linha de frente durante os embates urbanos, que não foram poucos. Na década que antecedeu a independência do país, essas mulheres marcaram uma presença poderosa no espaço público, invadindo as ruas para cumprir sua missão, insultando os adversários e não hesitando em entrar para a briga quando a situação assim exigia. Foi a partir de 1954, quando o RDA fundou suas seções femininas, que a violência das militantes femininas apareceu nos arquivos policiais (Rillon, 2016). E, se esse ativismo não se esquivava de recorrer ao engajamento físico e, convenhamos, à luta aberta, ele também se valia de métodos próprios às mulheres. Contadoras de histórias acompanhavam as figuras do partido. As moças faziam seus penteados falarem e davam aos nós de seus turbantes o nome de seus candidatos favoritos.

É preciso repetir que as mulheres subsaarianas nunca estiveram ausentes da história de seu continente. Na realidade, seria impossível contá-la sem mencionar sua presença, sua voz e sua ação ao longo dos tempos. Querer estender o termo "feminista" a todas essas experiências femininas demonstra uma visão eurocêntrica cada vez mais comum quando falamos das jovens subsaarianas. Isso é compreensível, já que o feminismo foi nomeado por meio da apropriação de uma palavra que pertencia a todas e que se impôs como sinônimo de emancipação. Nos países subsaarianos pós-coloniais, onde conceitos e teorias políticas só têm nome nas línguas importadas, a assimilação padrão de noções impróprias continuará sendo a sorte daquelas que, apesar de sentirem certo desconforto com isso, lutam para recuperar a capacidade enunciadora. Embora originalmente liderado por figuras marginais — como qualquer ação contestadora —, por ser fortemente apoiado pela mídia, pelas instituições acadêmicas e pelo mundo político, o feminismo agora aparece como imperialismo. O que se expressa fora dele é imediatamente percebido como retrógrado e reduzido ao silêncio. Tal situação só pode nos encorajar a questionar a relevância dessa doutrina para as mulheres cuja experiência permanece periférica no cenário mundial das relações entre mulheres. Até porque, como já demonstramos, o feminismo quer agora ser plural, garantindo assim que vai se apropriar mesmo daquilo que ainda não está constituído.

As mulheres querem pensar a relação do ser humano com a natureza, afirmar que o feminino pertence a elas e assim refletir sobre a forma como os homens se instrumentalizaram dos dois — nasce assim o ecofeminismo. As mulheres querem pensar as relações com os homens postulando o caráter existencial da diferença entre os sexos — esse é o feminismo diferencialista. As mulheres desejam valorizar sua capacidade de ser mães, de ler a sociedade e nela inscrever sua ação a partir disso — falamos então de um feminismo maternal ou até "maternalista". As mulheres acham mais relevante analisar as relações de gênero no modelo dos antagonismos entre classes sociais — e o feminismo, já radical aqui, torna-se materialista. As mulheres percebem que, além do sexismo, formas de discriminação que podem afetar os homens (como o racismo, a invalidez, a indigência material etc.) também as afetam e influenciam suas interações sociais — então elas se tornam feministas interseccionais.

Essa enumeração pode nos ocupar por muito tempo e mostrar que, às vezes, o fato de ser mulher é visto como um absurdo, um pouco como se a coisa tivesse ocorrido no meio da noite, sem o conhecimento da própria pessoa. Ao amanhecer, ainda sem ter aceitado a nova descoberta, foi preciso "feminismizar" até o fato de inspirarmos e expirarmos. A partir disso, sempre que as mulheres falam ou agem, o epíteto feminista, do qual elas podem não ter conhecimento, é imposto a elas como uma camisa de força que não deve ser removida de nenhum modo, a não ser para se declarar inimiga de seu próprio sexo. O constrangimento pode ocorrer *a posteriori*, vários séculos após a morte da mulher mencionada. A dominação e a hegemonia podem ser diferentes? Estariam elas sujeitas a críticas apenas quando exercidas por homens? Nigerianas, camaronesas ou malianas, as mulheres que mencionamos até agora simplesmente tomaram o controle sobre seu destino, usando as ferramentas que tinham ao seu alcance, contando com sua cultura e agindo de acordo com sua compreensão do mundo. Isso deve ser respeitado por si só; é uma atitude nobre por si só. Não precisa de rótulo.

# MULHERES INCRÍVEIS

Fora do Togo, a revolta das mulheres de Lomé, que culminou em janeiro de 1933, é pouco conhecida. Assim como na Nigéria em 1929, as autoridades coloniais — francesas neste caso — tentaram amortecer os efeitos da crise econômica por meio do aumento das taxas em vigor e da implementação de novos impostos. Uma das medidas tomadas pelo governador Robert de Guise visava, especialmente, às comerciantes do mercado de Lomé. O Conselho dos Notáveis, instituição exclusivamente masculina criada pela administração colonial, mostrou-se impotente para lidar com a situação. Foi em solidariedade a Duawo,[61] instância intermediária entre o conselho e as massas, que as mulheres se revoltaram. A organização passou a informar a população sobre os novos impostos, inclusive tomando providências para que eles fossem suprimidos. A prisão de Kobine Ghartey e Michel Johnson, dois dos líderes do Duawo, incendiou a situação. Em 24 de janeiro de 1933, dia da prisão dos militantes, mulheres convergiram aos milhares para a prisão e imediatamente obtiveram sua libertação. No dia seguinte, o movimento conseguiu a extinção dos impostos, pelo menos de forma aparente. Porque, se a administração colonial quisesse satisfazer a população, não teria trazido tropas da Costa do Marfim para reprimir a revolta. A repressão brutal causou prisões, mas também exílios e, claro, assassinatos.

Era necessário começar evocando a revolta de Lomé em 1933, indicar também que certos historiadores veem nesse acontecimento o nascimento do nacionalismo togolês (Aduayom,1984) e recordar o papel crucial das mulheres togolesas na luta pela independência do seu país. Quando essa luta começou, foram sobretudo as comerciantes que forneceram recursos financeiros, sem os quais o movimento não teria sobrevivido. Foram novamente elas que, com folhetos escondidos embaixo de suas roupas ou em meio à comida vendida nas feiras,

---

61  A palavra significa "o povo" na língua jeje.

propagaram as informações sobre o movimento. Elas não apenas ganhavam o suficiente para cuidar de suas famílias e apoiar o movimento de independência, mas também eram os melhores canais para chegar à população. As feiras, de fato, são lugares essenciais. E para as mulheres, como já percebemos, são um meio de obtenção de poder. Foi nesses espaços que emergiram as mulheres de quem falaremos agora. A escolha de incluí-las nesta seção dedicada aos coletivos femininos não tem nada de artificial, embora as pioneiras sejam frequentemente mencionadas de forma individual.

As Nanas Benz figuram de forma proeminente entre os símbolos vivos do Togo e, até mesmo, da África Ocidental. Através do exemplo dessas comerciantes ricas e poderosas, veremos que as mulheres subsaarianas, em contextos coloniais ou pós-coloniais, nem sempre se opuseram aos governos em vigor, e muitas colaboraram com eles para garantir a própria prosperidade. É surpreendente que esse aspecto de sua história nunca seja objeto de uma reprovação clara. É uma oportunidade de lembrarmos a reverência subsaariana pelo poder, qualquer que tenha sido sua base. Não é apenas pelo fato de gostarmos de encontrar o reflexo de nós mesmos em figuras de poder, de ser importante afirmar que pertencemos a uma linhagem de pessoas afortunadas. É também um pragmatismo puro e simples por parte de populações desprivilegiadas que se desenvolvem em sociedades altamente hierarquizadas, ambientes onde o Estado não oferece nem a mínima proteção aos cidadãos. Nesse contexto, tomamos cuidado para não insultar ninguém que possa nos alimentar, e a ideia de cuspir no prato que se come simplesmente não existe.

*Nanas*, termo deferente que significa "mães", era o nome dado às mulheres mais ricas entre as principais vendedoras de tecidos estampados. Como a maioria das comerciantes encontradas nos mercados, as chamadas Nanas Benz não vinham de origens privilegiadas. Elas não eram instruídas nem tinham recebido educação avançada, mas eram acostumadas ao funcionamento do comércio desde cedo. Como o mercado era domínio das mulheres, era normal que prosperassem nele. No entanto, as Nanas Benz se distinguiam das demais pela forma ostensiva de expor os sinais exteriores de sua riqueza por escolha própria. Os carros grandes, sobretudo, diferiam dos imóveis que todos almejavam possuir e que também podiam atestar o conforto material. A questão era que uma *villa* opulenta não se move e só pode ser conhecida por um número limitado de pessoas. O sedã imponente, com as formas opulentas que sinalizam que a pessoa não está morrendo de fome, move-se com facilidade. Portanto, é possível exibi-las, um comportamento percebido como masculino. A isso, Comi Toulabour acrescenta:

> Outro atributo masculino de que essas comerciantes desfrutavam era a responsabilidade financeira pelas despesas domésticas e também pela educação dos filhos, que deviam estudar nas melhores escolas e institutos de formação locais ou no exterior. No imaginário coletivo, em casa, eram elas que assumiam a real autoridade que tradicionalmente deve pertencer ao marido. Para que seu sucesso econômico fosse socialmente reconhecido, elas se "degeneraram" e passaram a usar atributos masculinos em uma sociedade orgulhosa do machismo ordinário... (Toulabour, 2012)

Estamos, portanto, lidando com Nanas masculinas, pelo menos aos olhos de uma parte da sociedade, senão por desejo próprio. No entanto, a responsabilidade pelas despesas domésticas não era novidade. Muitas comerciantes adquiriam essa habilidade. As Nanas se destacavam como donas do wax, um tecido concebido na Europa para o mercado subsaariano que se tornou um dos mais poderosos marcadores de identidade na África pós-colonial. A partir da década de 1950, elas fizeram de Lomé o centro da África Ocidental para o comércio de tecidos estampados. A associação delas a empresas europeias surgiu devido às tensões entre Togo e Gana, onde inicialmente elas se abasteciam. Desde 1957, ano de sua independência, Gana desejava incorporar ao seu território a parte do Togo que havia sido administrada pelos britânicos. É preciso dizer que, como frequentemente acontecia, o traçado colonial das fronteiras entre os dois países tinha sido feito sem levar a população em conta. O grupo étnico jeje em particular, estabelecido em parte do que viria a ser a Costa do Ouro (e depois Gana) e no sul do Togo, havia sido totalmente destruído. Os jejes de Gana e de Togo eram, portanto, um único povo, mas até hoje têm nacionalidades diferentes. Dois pan-africanistas que tinham visões distintas quanto às etapas necessárias para o sucesso do projeto de integração regional, Kwame Nkrumah, presidente de Gana, e Sylvanus Olympio, que dirigia Togo, não conseguiam chegar a um acordo.[62] Pelo contrário, as acusações de complô se multiplicavam em ambos os lados (Decraene, 1963). Resumindo, essas dissensões, que perturbavam a circulação entre os dois países, prejudicavam o comércio. Ao negociar diretamente com empresas europeias, não havia necessidade de viajar para Gana. Comerciantes astutas, cerca de dez Nanas, juntaram seus recursos e criaram um oligopólio informal no grande mercado de Lomé, frustrando o controle dos colonizadores (Sylvanus, 2009). No período que se seguiu a isso, elas fizeram escolhas pesadas, chegando a se comprometer, para preservar seu poder. Foi então que:

> Após o golpe que o levou ao poder no Togo em 1967, Ganissingbé Eyadéma fez do lucrativo comércio de têxteis um elemento central do seu Estado-rizoma... Eyadéma se impôs como *gatekeeper* incontornável para essas mulheres, graças a seu controle sobre as licenças de importação e a níveis favoráveis de imposição sobre os lucros e a reexportação... (Sylvanus, 2009)

Isso, entre outras medidas. Já as Nanas, que, segundo os boatos que correm em Lomé, chegaram a fornecer carros de luxo ao novo chefe de Estado para seus primeiros desfiles cerimoniais, tinham que apoiá-lo e se alistar na ala feminina do partido dele. Na década de 1970, o lucro do comércio têxtil chegou a suplantar o dos fosfatos, o principal vetor

---

62 Os pan-africanistas à época tinham duas doutrinas opostas. Elas geraram dois grupos: o de Casablanca, do qual Kwame Nkrumah fazia parte, que reunia representantes de Gana, Mali, Marrocos, República Árabe Unida e Argélia, e o de Monróvia, do qual Sylvanus Olympio fazia parte, que reunia 21 países da África subsaariana. O primeiro grupo era favorável a uma integração imediata, à criação de uma cidadania africana e a um mercado comum. O segundo preferia que esses objetivos fossem realizados mais tarde. Parecia a eles mais importante consolidar a soberania dos Estados-nação e atrair capital estrangeiro através dos elos preservados com as antigas potências coloniais. Os dois grupos tinham sido batizados de acordo com o local em que suas respectivas conferências haviam sido realizadas.

de recursos fiscais para o Estado togolês até ali (Sylvanus, 2009). Mas não foi ao ostentar sua riqueza — uma caricatura chegou a representá-las sentadas perto de uma cesta cheia de notas de dinheiro — nem ao prestar apoio ao regime vigente que as Nanas se comprometeram com a ordem masculina desregulada. Se um grupo de cerca de 15 mulheres detinha o comércio de wax, na base da pirâmide, onde havia principalmente revendedoras mais jovens, ninguém ganhava fortunas. Como aponta Comi Toulabour (2012), ao falar dessas camponesas que tinham ido para a cidade em busca de um futuro melhor:

> Frequentemente mal pagas, obrigadas a viver em condições de precariedade "sub-humanas", elas formavam... a cara hedionda dessa economia... A profissão como um todo empregava um efetivo que podia ser estimado entre 2 e 4 mil pessoas, mas apenas as camadas superiores formavam a burguesia compradora que sabia se reproduzir notavelmente passando o bastão de mãe para filha...

O mercado, reduto feminino, era também o cenário de relações entre mulheres em que a dominação estava de fato presente. As formidáveis Nanas transmitiam às filhas a fortuna acumulada, as redes de negócios e as lojas, mas não existia uma identificação com quem não era de seu meio nem de sua família. Não havia sororidade natural nenhuma, e isso ficava ainda mais claro quando os interesses financeiros estavam em jogo. A África subsaariana neocolonial recriou, em seus centros urbanos, as castas e hierarquias de outrora. Ela coroou suas rainhas e lhes forneceu escravos, algo considerado normal. A palavra *Nana*, que se refere à mãe na língua mina, falada no sul do Togo, e à mulher em francês coloquial, é, em última análise, uma designação levemente irônica. As Nanas Benz não são mães de todos e não se preocupam em proteger aquelas que não têm seu sangue. Diz-se, por outro lado, que o presidente Gnassingbé Eyadéma as chamava de "mães" e sempre tinha tempo para elas.

As Nanas Benz da primeira geração eram mulheres, mas, conscientemente ou não, foi ao adotar um comportamento que podia ser percebido como masculino que elas afirmaram seu poder, tiveram seu sucesso reconhecido. Mas de que sucesso estamos falando exatamente? As qualidades demonstradas por essas mulheres no exercício de sua profissão são inegáveis, bem como os resultados que obtiveram em nível material. É importante notar, porém, que, para as Nanas Benz, não se tratava mais da defesa de um domínio feminino, mas de colocá-lo a serviço do poder político. Trata-se, portanto, de uma forma de alienação, embora as pessoas envolvidas não tenham notado isso ou tenham pensado que não tinham escolha. Um pouco como as belas companheiras de homens poderosos de antigamente, elas se tornaram auxiliares de um poder masculino. O tratamento reservado às revendedoras lembra que as mulheres eram e continuam sendo separadas por relações de classe, e que a permanência dessas relações é garantida. O que gostaríamos de ver como exemplo de sucesso feminino é, portanto, manchado pelo sofrimento infligido por algumas mulheres a outras. Se a feminilidade é tanto a condição das mulheres oprimidas em um mundo desenhado pelos homens para si mesmos quanto as qualidades implementadas para superá-la, ela não pode ser invocada aqui. Por duas razões: a primeira é que a pessoa deve estar ciente de sua opressão e recusá-la em vez de se enganar; a segunda é que é preciso ser solidário a outros seres humanos e usar seu poder, seus privilégios, para promover uma vida melhor para eles.

# ADORAÇÃO AO CLITÓRIS

Contrariando o que acabamos de ver, existiam, no continente, práticas que incentivavam o amor a si mesmas e a outras mulheres e a desmitificação do poder masculino quando ele era opressivo. Talvez as Nanas tivessem tratado suas jovens vendedoras de maneira diferente, se soubessem disso. Está na hora de recordar a necessidade das mulheres subsaarianas conversarem mais, aprenderem umas com as outras e incorporarem costumes emprestados das vizinhas, uma vez que eles tenham sido compreendidos e adaptados ao contexto socioeconômico e cultural de cada uma. Vamos conhecer as mulheres do povo fang-beti, que pode ser encontrado em Camarões, no Gabão ou na Guiné Equatorial, para descobrir uma dessas práticas milenares de amor-próprio e a outras mulheres. Essa população já viveu em um patriarcado feroz, que privava as mulheres de falar em público — mas permitia que elas tivessem amantes (Vincent, 2003), especialmente quando viviam entre muitas coesposas. Como em outros lugares, elas tinham tarefas e um lugar definidos, mas era bem possível considerá-las dominadas até a idade da menopausa, período a partir do qual a soberania plena e total era adquirida por elas. No entanto, muito antes de adquirir essa liberdade, quando não podiam mais ter filhos, as mulheres fang-beti haviam se dado um espaço para se valorizar e desconstruir a falocracia. E, mesmo que isso não revertesse as tendências da sociedade delas, permitia criar laços entre as mulheres, conhecer e experimentar um poder inacessível aos homens.

O rito *mevungu*, que essas mulheres praticavam, era um culto à feminilidade cujo objetivo era exaltar a beleza e a majestade do sexo feminino, celebrar a fertilidade e afirmar o poder próprio da mulher (Ombolo, 1990). O nome vem da associação de duas palavras: *mevul*, que designa os pelos pubianos das mulheres, e *ngul*, que significa força ou poder (Alexandre, 1965). A celebrante principal, chamada de *asuzoa* ou mãe do *mevungu*, era escolhida principalmente pelo caráter imponente de seu clitóris. Certas partes do ritual consistiam, para as mulheres, em honrar o sexo da mãe, alimentando-o, esfregando-o, massageando-o, esticando-o e elogiando sua beleza. Em outras ocasiões, as iniciadas mais antigas, com a bênção da *asuzoa*, inspecionavam os órgãos genitais das participantes, exclamando de alegria cada vez que viam um clitóris e uma vulva de dimensões substanciais. Depois de uma operação específica, as mulheres mais bem-dotadas se levantavam e abriam as pernas para deixar as outras passarem por baixo delas. O objetivo desse gesto era permitir que alguém admirasse os atributos exibidos e adquirisse seu poder. A essa descrição, Jean-Pierre Ombolo acrescenta que a exaltação da feminilidade durante o *mevungu* era acompanhada por um ritual de maus-tratos infligidos ao sexo masculino.

Podemos ter várias opiniões sobre o impacto do rito na condição das mulheres dentro da sociedade beti, mas ele abrigava virtudes fundamentais. Na verdade, permitia certa intimidade entre mulheres, uma celebração do feminino e uma destruição simbólica do poder masculino. Simbólica apenas porque não se tratava nem de prescindir dos homens nem de assumir as tarefas confiadas a eles. Por meio do *mevungu*, o poder específico das mulheres, como essa população o entendia, era visto e celebrado. As mulheres tinham ali um espaço de soberania que pertencia apenas a elas. E, como esse espaço existia, as prerrogativas masculinas não eram invejadas. Uma vez instalada a menopausa, as mulheres se apressavam para abandonar o marido às coesposas. Nenhuma ficava parada, lamentando não ser mais vista. Entre os bakokos de Camarões, o *mevungu* existia sob o nome de *ko*. Entre os bassas do mesmo país, era chamado de *koo*.[63] Em todos os casos, ele era praticado da mesma forma, com variações muito pequenas. Quando o *mevungu* acontecia, a aldeia vivia um período espetacular de abundância. Além disso, o rito podia ser realizado a pedido dos homens, quando a caça ou as colheitas não eram boas. A fertilidade da terra, da natureza, estava associada à das mulheres. Logo, as virtudes do rito eram reconhecidas. Fortalecendo as mulheres em sua singularidade, ele intensificava o poder benéfico delas para a comunidade. Entre seus efeitos, estava também o

---

63  *Ko* e *koo* significam "caracol" nas línguas das populações em questão.

de descobrir a identidade das pessoas que haviam prejudicado o grupo e neutralizá-las.

Era preciso ser casada para fazer parte do círculo secreto, mas pessoas solteiras podiam ser admitidas em uma instituição maior. Essa sociedade de mulheres era aberta a todos. Quando se tratava, na dimensão comunitária do *mevungu*, de garantir a fertilidade ou recuperá-la em tempos difíceis, era às mulheres que já tinham dado à luz que o rito era confiado:

> Próximas da natureza, cúmplices da floresta e dos seus espíritos, as mães que tinham se mostrado capazes eram mais propensas a repovoá-la e a alimentar os adultos com carne como haviam alimentado os próprios filhos. (Laburthe-Tolra, 1985)

A maternidade era, portanto, particularmente valorizada, inclusive pelas mulheres. Não bastava ter um clitóris imponente. Eram as mães as mais admiradas e elogiadas, segundo Philippe Laburthe-Tolra. Podemos obviamente considerar isso excludente e injusto em relação às mulheres incapazes de ter filhos. No entanto, tal poder era dado ao *mevungu*, e suas seguidoras eram inclusive chamadas para curar a esterilidade feminina. O que também é importante notar é a insistência dos pesquisadores em banir desse rito qualquer referência à sexualidade. Perguntamos então o que poderia ser a "masturbação ritual", termo cunhado por Philippe Laburthe-Tolra (1985), que seria uma prática sexual sagrada dentro desse círculo feminino, que não exclui a sua materialidade. Muito pelo contrário: era preciso que certos atos fossem feitos para que o gesto fosse qualificado como masturbação. O ritual sempre envolvia o corpo para dizer o que não era dito ou era mal expressado por meio da linguagem.

Sem ter realizado uma investigação sobre esse assunto, pois os próprios investigadores contaram apenas com testemunhos e não com uma observação deles, preferimos pensar a partir das cenas mais frequentemente descritas. Não vemos nelas uma falta de respeito, e sim uma tentativa de aproximar o significado dos gestos realizados para as mulheres (e entre elas). Além de suas funções propiciatórias, curativas e protetoras da comunidade, os estudos sempre apresentam o *mevungu* como uma celebração do feminino e uma forma de as mulheres se oporem à tirania dos homens (Thé, 2023). Por que não haveria também uma celebração do prazer feminino? A precaução tomada pelos analistas visa afastar qualquer suspeita de homossexualidade dentro da sociedade secreta. Mas, quando se trata da população como um todo, Jean-Pierre Ombolo (1990, p. 156) afirma: "Os beti só conhecem a homossexualidade feminina", o que obviamente é ridículo, mas tudo bem. A sexualidade entre pessoas do mesmo sexo era vista como um desvio nesse grupo étnico — que, logo, tinha conhecimento dela —, e o desejo de uma mulher por outras, atribuído a um órgão erétil superdesenvolvido. Justamente o que era celebrado através do *mevungu*, já que mulheres não têm nenhum outro. Então, como elas podiam se opor à hegemonia dos homens, senão ao permitir também o que a sociedade proibia? A função do segredo podia encobrir tais transgressões e talvez também o fato de as mulheres gozarem ao cometê-las.

Certamente, era reconfortante insultar o sexo masculino tanto quanto quisessem e brutalizar os objetos que o representavam, mas sem dúvida era mais libertador prestar homenagem ao próprio sexo. Era o que essas mulheres faziam, de forma muito concreta, por meio de gestos. O corpo em si nem sempre foi objeto de uma erotização particular na África subsaariana. Se fosse, a permanência da quase nudez entre muitos povos dessa região do mundo teria causado dramas. No entanto, os órgãos genitais, amplamente solicitados durante o *mevungu*, eram erotizados tanto para este povo quanto em outros lugares. E, mesmo que não tivessem sido erotizados, sua conhecida sensibilidade só poderia ter produzido os efeitos previsíveis. No fundo, apenas as praticantes de *mevungu* poderiam responder isso. O que se sabe, de qualquer forma, fora desse cenário esotérico, era que deflorar as meninas era responsabilidade das mulheres:

> Em algumas tribos beti [...] a bebê tinha o hímen rompido por uma das adultas que gravitava em torno da mãe, enquanto em outras a menininha

tinha esse órgão rompido [...] por uma adulta durante uma pescaria, por exemplo. (Ombolo, 1990, p. 84)

Embora não tenha sido apresentada assim aqui, essa perfuração do hímen por mulheres mais velhas, e não pelo marido, foi objeto de rito em outras populações, como já mencionamos. Seja como for, o que foi descrito aqui dá a ela essa dimensão, uma vez que apenas as mulheres podiam estar presentes e, num dos casos, era durante o contato com a água, elemento associado ao feminino, que isso acontecia. Não podemos ver nisso um sentido sexual, mas se tratava de fato de marcar a pertença dos corpos das meninas primeiro ao seu grupo e, portanto, a si mesmas. Isso também é o que alguns dos gestos realizados durante o *mevungu* implicam. Devemos lembrar, além disso, que a *asuzoa* era muitas vezes uma mulher que havia se libertado das relações sexuais com os homens por ter entrado na menopausa. Ela também podia ser uma viúva que havia optado por não se casar novamente. Nessas condições, era uma mulher cujo corpo não seria mais tocado, a não ser por suas semelhantes. E, ao contrário do que acontecia em tempos de escassez — quando o rito era praticado para restaurar a fecundidade da natureza —, a mãe do *mevungu* podia não ter dado à luz muitos filhos:

> É necessário insistir nesta última possibilidade: o acesso a essas grandes responsabilidades femininas era possível a mulheres que nunca tinham dado à luz. O único requisito era estar na menopausa e não ter mais relações sexuais com homens. (Thé, 2023)

Escolhida por sua antecessora, a *asuzoa* se destacava pela proeminência de seu clitóris e pelo tamanho de seus grandes lábios. Essas características, vistas como a marca do poder místico, prevaleciam sobre a maternidade, permitindo que ela fosse incumbida do papel de primeira-dama do *mevungu*. Portanto, a exaltação do feminino e do seu poder, a clarividência incomparável atribuída à principal mulher eram alheios a uma compreensão da fertilidade ligada apenas à procriação. A autoridade da *asuzoa* não era contestada sob o pretexto de que ela não tinha sido mãe. Ela era todo-poderosa. Durante a dança *mevungu*, um chifre podia ser introduzido na vagina, imitando assim o ato sexual. Esse gesto é apresentado como extremo e pouco comum, uma prática que visava, em situações particularmente difíceis, atrair todas as forças, naturais e sobrenaturais. O corpo feminino era ao mesmo tempo instrumento, suporte e receptáculo durante o rito. O poder emanava dele e era recebido por ele. "O corpo é a primeira e a última coisa", escreveu Fabienne Jacob (2010). As mulheres do *mevungu* sabiam disso. Para elas, assim como para outras no mundo, a história seria escrita com a carne, a respiração, os humores, o movimento, o suor, muito antes de ficar restrita aos livros.

Não é tanto pelos resultados do rito em relação à sociedade que ele nos interessa, mas pelo que ele trazia para as mulheres. Em um ambiente onde elas eram maltratadas, pouco incentivadas ou até mesmo impedidas de se expressar, a prioridade para essas mulheres era não invadir redutos masculinos, exigir que eles abrissem um lugar para elas. Aliás, as fundadoras do *mevungu* o criaram porque havia sociedades de homens proibidas para elas. Por isso, elas decidiram criar uma organização própria e fazer nela o que lhes parecia importante. A elas, cabia sobretudo valorizar o que eram, descobrir o próprio valor, olhar as outras mulheres com amor. E esse amor não era necessariamente afeição, mas gentileza, apoio sempre que possível e necessário. Vemos aqui uma bela inspiração para as mulheres de nosso tempo. Nas sociedades contemporâneas, devemos convidá-las a criar organizações que tenham como objetivo o conhecimento, a celebração do feminino e de suas qualidades, tanto em termos íntimos quanto espirituais. As mulheres que não quiserem mostrar seu clitóris às outras, massagear o da *asuzoa* nem dançar sugestivamente com suas companheiras podem inventar seu modo de proceder. O que importa é encontrar uma forma de transpor, de forma compreensível para si mesma, o gesto de se despir diante de suas irmãs, de revelar a elas o que temos de mais secreto, de criar um vínculo de confiança entre elas. Além de distanciá-las dos homens, provavelmente era para garantir isso que essas sociedades femininas se mantinham secretas.

No que diz respeito ao *mevungu*, às vezes parte do rito era aberta à comunidade e depois as mulheres seguiam para um local próprio. A reunião das mulheres, o que elas só faziam entre si, beneficiava o grupo. Porque elas saíam mais fortes desses eventos. Porque elas tinham conseguido criar um universo em um mundo que as constrangia de maneira significativa. Porque, uma vez naquele lugar, elas podiam examinar as marcas da dominação masculina e reduzi-la à sua expressão mais simples. Não são os homens poderosos que sentem necessidade de esmagar as mulheres, de silenciá-las. São, em geral e em todos os lugares, homens que têm consciência da impossibilidade de realmente dominá-las. O que eles podiam fazer, na velha sociedade fang-beti, contra mulheres cujo poder trazia abundância? Não seriam os homens desse povo, e sim os missionários cristãos que fariam guerra ao *mevungu*, tratando-o como obsceno. Foi assim que o rito acabou desaparecendo. Não sabemos como surgiram os primeiros gestos do *mevungu*, quando essa sociedade foi criada. As mulheres sonharam com essa instituição antes de elaborá-la. Elas decidiram o que seria valorizado ali, os métodos que seriam usados, os objetivos a concretizar. Por se sentirem dotadas de certo poder, souberam descobri-lo, conseguiram a manifestação dele. Este é o seu legado mais precioso para a comunidade das mulheres: o exemplo da fundamentação em si mesma. Isso é a outra língua das mulheres.

## CONCLUSÃO
## NA ÁFRICA
## E ALÉM-MAR

Os movimentos de libertação das mulheres subsaarianas não oferecem nada comparável a essas velhas sociedades de mulheres, e isso é, sem dúvida, um problema: eles querem acabar com os monopólios masculinos antes de conhecer sua força e sua própria linguagem. O período contemporâneo oferece, pelo menos, um exemplo conhecido de mulheres que optaram por se expressar na outra língua. Ou seja, não se igualaram aos homens, mas conquistaram sua liberdade e sua realização de acordo com as próprias aspirações. Em 1991, Rebecca Lolosoli reuniu em torno dela algumas mulheres de sua aldeia para fundar uma comunidade. Seu objetivo era então criar um lugar onde as mulheres fossem protegidas da violência e das injustiças que os homens infligiam a elas: estupros[64] — após os quais elas eram repudiadas —, brutalidade conjugal, casamentos precoces ou mutilações genitais. Assim nasceu a Umoja, uma aldeia que devia ser um refúgio de paz para as mulheres (Roubaix, 2007). A Umoja, palavra que significa "unidade" na língua suaíli, permitia que as mulheres do povo samburu (Quênia) denunciassem a falocracia de sua cultura e deixassem de ser submetidas a ela. Desenvolvendo coletivamente estratégias de sobrevivência, privilegiando a entreajuda e a escuta, as habitantes, sem outro meio que não seja a sua vontade, construíram sua aldeia e nela criaram atividades geradoras de rendimento. Outras se juntaram a elas, e a comunidade cresceu. Nos primeiros anos de existência, as mulheres eram obviamente assediadas pelos homens, que atacavam suas construções e as ameaçavam incessantemente, mas elas aguentaram e acabaram até comprando as terras ao redor das casas de seus adversários, a fim de arruinar seus esforços. A Umoja, que completou 30 anos em 2021, continua existindo. A comunidade atrai a atenção da mídia internacional, mas também de várias organizações.

---

64 A história das mulheres de Umoja começa com uma denúncia por causa dos estupros cometidos por militares britânicos, que iam treinar na região havia décadas. Quando Rebecca Losoli se tornou porta-voz dessas mulheres, ela foi espancada pelos homens de sua aldeia por insubordinação. Seu marido, informado da situação, não a defendeu. Então ela decidiu deixá-lo. Foi então que reuniu em torno de si as primeiras habitantes da comunidade.

Rebecca Losoli é hoje uma personalidade famosa em todo o mundo. Na comunidade que fundou com outras mulheres, elas aprenderam ofícios que lhes permitem viver de forma independente. Seus filhos são alimentados, bem cuidados e educados. As mães vivem livres e seguras. Ao contrário do que sugerem as manchetes um tanto exageradas da mídia ocidental, a Umoja não proíbe a entrada de homens. Quando as mulheres namoram homens, eles podem visitá-las. A questão é que, à noite, eles são convidados a deixar o local. Os homens que aceitam se relacionar com essas mulheres necessariamente abandonaram a visão tradicional, o que garante relacionamentos de melhor qualidade. Quando as mulheres da Umoja têm filhos, eles vivem com elas na comunidade até completarem 18 anos.

O interessante na abordagem das mulheres samburus que tomaram a iniciativa de construir um refúgio para si mesmas é a confiança que tiveram em seu projeto e os meios usados para fazê-lo dar certo e depois consolidá-lo. Lembramos que eram mulheres pobres, com pouca ou nenhuma instrução, que viviam em um ambiente inóspito, assolado pela seca. Para fazer da Umoja um sucesso, elas tiveram que ser capazes de não colocar a figura masculina no centro, como é o caso quando lamentamos o tempo todo sobre o patriarcado. Era preciso ser capaz de tomar as rédeas e imaginar outra vida, uma existência em que a realização não viria pela decisão de invadir os bastiões da masculinidade. Ao recuperar toda a sua soberania, as mulheres da Umoja, para subsistir, tiveram que aprender a realizar tarefas tradicionalmente desempenhadas por homens. Isso fazia sentido e aconteceu de forma natural. Nenhuma dessas mulheres precisou de teoria política para avaliar sua situação e suas necessidades. Embora sua iniciativa tenha se tornado conhecida fora do Quênia, ninguém a aproveitou para examinar as lições a serem tiradas dela. Afinal, são apenas mulheres pobres da África subsaariana lutando contra os costumes retrógrados de seu povo. O que poderíamos aprender com elas? Tudo, a começar por essa solidariedade concreta entre mulheres que fez da Umoja um lugar único em todo o mundo.⁶⁵ É também na África Subsaariana, mais precisamente em Gana, que encontramos a Ladybird Logistics, única empresa de transportes do mundo gerida por uma mulher, Felicia Payin Marfo, que emprega apenas motoristas (de caminhões) e mecânicas mulheres. O continente é, por excelência, o lugar em que as mulheres sabem se unir para cuidar de seus negócios e fazer a sociedade avançar. As mulheres subsaarianas não têm motivo nenhum para baixar a cabeça para as outras. Eles são tudo, tudo podem, já demonstraram isso muitas vezes e continuam a fazê-lo.

Mulheres em situações materiais e intelectuais muito melhores, que usufruíam dos poderes simbólicos e políticos resultantes da colonização/racialização, não conseguiram nada comparável a essas duas iniciativas. No entanto, do alto de uma teoria que se diz universal a ponto de se apropriar do nome comum a todas para forjar uma denominação, elas dão lições. Espera-se uma empresa equivalente à Ladybird Logistics onde quer que haja mulheres. A Umoja não é replicável, especialmente em áreas urbanas, inclusive na África. No entanto, é possível se inspirar na determinação dessas mulheres samburus de não apenas recusar a opressão, mas também criar uma realidade satisfatória para si mesmas. Podemos não considerar essa experiência exemplar para todas, mas isso é bom porque o universalismo de que ouvimos falar deve muitas vezes ser entendido como sinônimo de ocidentalização, e decididamente nada fora desse modelo pode adquirir validade que não seja local. Ou seja, um universalismo que se recusa a beber de todas as fontes para reconhecer apenas uma é um particularismo cujo objetivo é se espalhar. É porque

---

65 Nos anos 1970, havia várias comunidades de lésbicas nos Estados Unidos – como o WomanShare Collective e o Oregon Women's Land Trust. Elas haviam optado por se estabelecer no campo para deixar a sociedade patriarcal, viver perto da natureza e inventar uma política muitas vezes anticapitalista e antirracista.
Mais próxima de nossa época, no final de 2018, uma aldeia de mulheres chamada Jinwar, nome que significa "o lugar das mulheres", foi criada no nordeste da Síria. A comunidade reúne mulheres de várias origens, sobretudo curdas e árabes, que sofreram com a guerra e a violência da sociedade patriarcal. Alguns homens contribuíram para a construção de Jinwar, mas parece que sua presença é completamente proibida dentro dela. As mulheres moram lá com seus filhos.
Esses dois modelos diferem do estabelecido pela Umoja, uma vila construída por mulheres que concordavam em namorar homens. Além disso, a Umoja não tem objetivos políticos tão marcantes quanto os das lésbicas separatistas dos anos 1970.

ele se impõe como tal num mundo onde as feridas do colonialismo continuam a sangrar, que mesmo as suas propostas mais apreciáveis e positivas encontram certa rejeição. Há algo para corrigir aqui.

Devemos, sem dúvida, refletir primeiro sobre uma verdadeira solidariedade civilizacional, que permita que nos inspiremos mutuamente, pensemos as relações das mulheres do mundo entre elas, sem pretender que basta nascer mulher para aproximá-las. Em 1929, enquanto ocorria a Guerra das Mulheres na Nigéria, as sufragistas inglesas obtiveram o direito ao voto havia cerca de dez anos (em 6 de fevereiro de 1918). O movimento das mulheres inglesas, iniciado em meados do século XIX, tinha chegado ao auge durante o período colonial. Basta comparar essas duas condições femininas, a da Grã-Bretanha e a da Nigéria, para rapidamente desmascarar a ideia de uma internacional feminina baseada no sexo. E nem mencionamos aqui o gênero, pois mulheres podem ser de todos os gêneros possíveis. Nos dois casos aqui mencionados, as mulheres que lutavam não se importavam com o que as outras estavam passando. Aquelas cuja colonização impunha a língua, a estética, a religião, o modo de vida e o *status* em relação aos homens provavelmente pensaram que isso era um progresso para as outras. É o que deduzimos por sua participação na obra missionária, por exemplo. A cultura que as oprimia ainda lhes parecia superior à das outras. Elas ignoravam a complexidade dos mundos subsaarianos, as perdas infligidas aos colonizados por um sistema que viera armar e reforçar o poder dos homens. O diálogo que devemos esperar entre as mulheres do mundo tem que permitir abordar esses temas, criar uma solidariedade que respeite as especificidades históricas e identitárias. Só assim podemos falar de troca, num novo cenário onde umas não se colocam como modelos para as outras. Sejam nigerianas ou inglesas, as mulheres lideraram suas lutas dentro das sociedades das quais faziam parte, sem pretender, ao menos naquele momento, estender suas preocupações a toda a Terra.

Não se trata de instruir o processo vão daquelas que permanecem mulheres ocidentais por não terem acabado com a ocidentalidade, e sim de convidá-las a praticar a descentralização ao abordarem as trajetórias das mulheres no mundo. Está na hora de cultivar uma modéstia e uma abertura que muitas vezes lhes falta, de aprender com as outras. Aprender não significa necessariamente imitar nem mesmo transpor. Pode significar conhecer, saber, estar ciente, referir-se a. Uma das lições concretas que podemos tirar das práticas coletivas das mulheres subsaarianas está no apego delas, sobretudo, ao domínio feminino. Conhecer-se, descobrir e exercer o próprio poder, ser capaz de criar um universo único é necessariamente emancipador. Muito mais, em todo caso, que a abordagem que exige que as mulheres só se vejam através dos limites impostos pelas desordens do outro sexo.

O *mevungu* e práticas semelhantes não trazem uma solução para o problema colocado pela falocracia. Esse não é o objetivo. O que deve ser destacado não é a perfeição da herança feminina subsaariana nesta área, mas o fato de as bases sociais e culturais não serem as mesmas de outros lugares. O desejo de emancipação das subsaarianas na África pós-colonial poderia se apoiar sobre práticas antigas. Até porque, como vemos em todos os contextos em que as mulheres de ascendência subsaariana empreendem essa luta, elas se esforçam por se destacar daquelas cuja experiência difere da sua. Tanto para as afrodescendentes quanto para suas ancestrais do continente, a questão burguesa do direito ao trabalho nunca existiu, ao contrário da questão do aprendizado, da possibilidade de continuar seus estudos. Desde o início, a escravidão exigia que elas não apenas trabalhassem, mas muitas vezes realizassem as mesmas tarefas que os homens, além de outras que eles não realizavam. A escravidão também as expôs ao estupro frequente por seus proprietários, que os homens também tiveram que suportar. Mas ser iguais a eles, mesmo em termos de direitos, nunca foi uma preocupação delas. Por outro lado, os questionamentos sobre o tipo de identidade feminina que deviam encarnar, com base na imagem proposta por proprietários de escravas, e a questão do racismo, elemento estruturante das sociedades coloniais, foram e continuam a ser muito mais significativos. A filósofa afro-brasileira Sueli Carneiro nos lembra:

> As mulheres negras têm uma experiência histórica que lhes é única e que o discurso clássico sobre a opressão das mulheres não capturou... Quando falamos do mito da fragilidade feminina, que justificou historicamente a proteção paternalista dos homens em relação às mulheres, de que mulheres estamos falando? Nós, mulheres negras, fazemos parte de uma categoria de mulheres, provavelmente majoritária, que nunca observou em si mesma os reflexos desse mito porque nunca foi tratada como ser frágil [...]. Pertencemos a uma categoria de mulheres objetificadas. Antes, a serviço de frágeis patroas e nobres cavalheiros pervertidos. Hoje, trabalhadoras domésticas de mulheres libertadas. (Carneiro, 2005)

Devemos acrescentar que, nesse regime de engenho que, em grande parte aboliu a identidade sexual dos escravizados, as mulheres de condição servil não geraram uma linhagem, um povo. Elas só podiam transmitir sua condição: a racialização e a escravidão. Tal situação, em que a negação da humanidade é levada ao auge, impõe a revolta. Assim como as mulheres subsaarianas, as mulheres afro-brasileiras têm, na história de suas lutas contra a opressão, uma série de figuras femininas combatentes que conseguem criar uma distinção entre seu tipo de feminilidade e o das mulheres escravistas. Algumas dessas guerreiras afro-brasileiras merecem ser mencionadas aqui, começando com Tereza de Benguela (Biblioteca do Cecult, 2023),[66] chefe do Quilombo do Quariterê, no atual Mato Grosso, não muito longe da fronteira com a Bolívia. Um quilombo era uma aldeia fundada por pessoas que haviam se libertado da escravidão e formado uma sociedade alternativa. O do Quariterê abrigava afrodescendentes e nativos do país. Claro, durante o período colonial, essas formações foram constantemente ameaçadas, pois sua destruição era necessária para manter a instituição da escravidão. Os potenciais fugitivos tinham de ser dissuadidos. A sobrevivência dos quilombolas, comunidades de habitantes dos quilombos, só foi possível, portanto, por causa de lutas constantes. No entanto, Tereza de

---

66 Benguela é o nome de uma província angolana e da sua capital. No entanto, o país de origem de Tereza é desconhecido.

Benguela conseguiu organizar militarmente sua aldeia rebelde, garantir sua prosperidade e resistir à colônia durante duas décadas. Ela também criou um parlamento, instituição que promovia o debate dentro do grupo. Desde 2014, o dia 25 de julho é, no Brasil, a festa de Tereza de Benguela e, através dela, das mulheres afrodescendentes.

Houve também Dandara dos Palmares (Henrique, 2011), que se casou com Zumbi dos Palmares, o mais famoso herói afrodescendente do país. Dandara era uma menina quando chegou a Palmares, o maior quilombo do Brasil, que chegou a ter 20 mil habitantes. Não sabemos de onde ela veio nem se estava acompanhada. Sua vida anterior ainda é um mistério. Dentro da comunidade, Dandara realizava várias tarefas domésticas e agrícolas. Ela também praticava caça e capoeira — uma arte marcial afro-brasileira — e chefiava a seção feminina do exército. Era uma lutadora ativa da resistência ao poder colonial, feroz guardiã da segurança de seu povo. Às negociações com os colonos, ela preferiu a guerra. Hoje temos duas versões de sua morte. Segundo alguns, ela foi morta com outras mulheres em fevereiro de 1694, durante a destruição de Cerca Real dos Macacos, um dos vilarejos de Palmares. Para outros, ela teria se suicidado para não ser capturada.

Antes de Tereza e Dandara, tivemos Aqualtune (Equipe Huffpost, 2019), princesa kongo escravizada que se tornou uma das figuras mais importantes da resistência afro-brasileira. Aqualtune poderia estar entre as rainhas guerreiras do continente africano, pois já tinha esse papel em sua terra natal. Dizem que ela liderava milhares de soldados ao lado de seu pai, a fim de defender o reino dos invasores portugueses e vizinhos, apresentados como angolanos pela tradição oral afro-brasileira. Depois de uma luta feroz, a guerra foi perdida; o rei, decapitado; e a princesa, deportada para as Américas. Para subjugá-la, fizeram dela uma escrava reprodutiva. Ela foi, portanto, estuprada e engravidou. Em Recife, para onde foi levada, Aqualtune soube das revoltas e não perdeu tempo em se juntar a elas. Liderando um grupo de rebeldes, ela fugiu com eles para se juntar a Palmares. Aqualtune deu origem a uma linhagem de valentes lutadores nascidos livres, que podem ser descritos como senhores da luta afro-brasileira, representantes de uma nobreza não baseada na fortuna, mas na coragem e na determinação de levar uma existência digna. Ela foi mãe de Ganga Zumba e avó de Zumbi do Palmares. O destino dessa mulher era reinar.

Basta imaginar Aqualtune fugindo na companhia de outros insurgentes, grávida de seis meses, para entender que as mulheres afrodescendentes e subsaarianas têm muitas experiências específicas que lhes permitem pensar fora dos padrões impostos. Não que tenham feito coisas que outras não podem fazer.[67] Elas simplesmente vêm de universos únicos, e suas histórias, mais chocantes que as de outras pessoas, suas culturas e espiritualidades as levaram a viver sua feminilidade de maneira particular. As Américas, no sentido amplo, foram marcadas por essas presenças femininas e por suas lutas. Na Jamaica, por exemplo, podemos citar Nanny, também conhecida como "Queen Nanny of the Maroons", uma mulher originária do que hoje é Gana, onde viveu, nos anos 1680. Ela foi uma combatente e uma guia espiritual. Nascida no continente africano, preservou muitos aspectos da sua cultura ancestral e deveria, como Aqualtune, ter seu lugar na memória subsaariana. Heroína nacional na Jamaica, tem uma representação dela que aparece na nota de 500 dólares jamaicanos. O autor do retrato, o mais famoso, imaginou feições secas para ela, uma postura ao mesmo tempo orgulhosa e intimidadora. Ela, sem dúvida, foi isso e muito mais, porque soube inspirar confiança, federar seu povo, protegê-lo, guiá-lo e levá-lo à luta.

Com outros axantis como ela, Nanny fugiu da plantação em que era escrava para fundar comunidades quilombolas. Ela fundou cinco delas: Captain Kojo (também conhecida como Cudjoe), Accompong, Quao, Johnny e Nanny. Cada uma lideraria um grupo de *maroons*, os quilombolas jamaicanos. As mais importantes foram as de Nanny e Captain Kojo, os Windward Maroons e os Leeward Maroons. A fortaleza da mulher, batizada de Nanny Town, ficava nas Blue Mountains, com vista

---

67   Agora sabemos que o enterro de um grande guerreiro viking, descoberto em Birka (Suécia), em 1878, e que impressionou os arqueólogos com seu conteúdo de prestígio, era o de uma mulher. Sabemos também que, no norte da Índia, Lakshmî Bâî (1828-1858) liderou uma tropa composta por 14 mil homens e mulheres para enfrentar o poder colonial inglês de Shen Yunying (1624-1660), assumindo o lugar de seu falecido pai, general do exército Ming. Outros exemplos podem ser encontrados. A história das mulheres ao redor do mundo é rica em números surpreendentes.

para a colônia. As guerras quilombolas jamaicanas são conhecidas por sua duração de mais de 80 anos (Encyclopedia Britannica, 2023a), o que demonstra a tenacidade daqueles que reconquistaram a liberdade. Eles não apenas defendiam suas aldeias, mas também atacavam regularmente os colonos britânicos. Chamada de *The Mother of US All*, a mãe de todos nós, Nanny escapou muitas vezes do regime escravista. Depois de atacá-la ferozmente entre 1730 e 1734, os ingleses destruíram Nanny Town, mas não conseguiram capturar a rainha dos *maroons*.

Em 1739, quilombolas e colonos lutavam havia 83 anos, de armas na mão. Naquele ano, o capitão Kojo, também reconhecido como um dos maiores *maroons* da Jamaica, assinou um tratado de paz com os britânicos em nome dos Leeward Maroons, que ele comandava. Nanny recusou o acordo de paz. No entanto, no ano seguinte, ela aceitou uma concessão territorial e conseguiu fundar New Nanny Town. O carisma dessa mulher e sua determinação durante o combate, mas também seus poderes místicos, fizeram dela uma figura essencial nas longuíssimas guerras quilombolas. Ela morreu nos anos 1750 e, em 1976, recebeu o título oficial de heroína nacional. New Nanny Town hoje se chama Moore Town. A Jamaica viveu um número impressionante de revoltas de escravizados, além dessas guerras quilombolas. E não foi a única ilha em que isso aconteceu. Toda a América, por onde se espalhou a escravidão colonial, foi palco dessas revoltas. Muitas vezes, esses eventos eram marcados pela presença de mulheres, quando não eram por elas dirigidos. Por isso, Cuba se lembra de Carlota Lucumi, também conhecida como La Negra Carlota, mulher iorubá que liderou a revolta dos escravos na plantação Triumvirato, em Matanzas (1843-44). A tradição oral diz que ela teve uma história de amor com Fermina, outra mulher em condição servil.

Juntas conceberam um projeto de revolta, mas Fermina foi descoberta e presa. Os escravistas espanhóis a torturaram. Mas Carlota não abandonou seus planos insurrecionais e montou uma expedição para libertar a amiga em 3 de novembro de 1843. Foi o início de uma revolta que logo incendiou várias plantações de cana-de-açúcar. O movimento durou quase um ano, durante o qual os insurgentes libertaram os que permaneciam acorrentados, atacaram plantações de cana e café e também criações de animais. A rebelião foi reprimida e as duas mulheres executadas (1844). Carlota foi esquartejada por cavalos e Fermina, fuzilada. Carlota Lucumi continua sendo um dos principais rostos da luta afro-cubana contra a escravidão. Um monumento à sua memória foi erguido sobre os restos da plantação Triumvirato, que se tornou um memorial e um museu. Entre 1975 e 1976, o regime de Fidel Castro liderou a Operação Carlota em Angola, um importante episódio da Guerra Fria na África subsaariana. A pintora cubana Lili Bernard, inspirada em Eugène Delacroix, fez de Carlota Lucumi a sua Liberdade guiando o povo.

Nas Ilhas Virgens, onde os dinamarqueses praticaram a escravidão colonial, três rainhas são lembradas (Virgin Islands History, 2023). De fato, três mulheres lideraram os motins de Fireburn em outubro de 1878, quando as festividades, organizadas por trabalhadores escravos, foram perturbadas pelo assassinato de um deles. O homem havia sido morto por um dos agentes enviados para conter a multidão. Os insurgentes incendiaram a cidade de Frederiksted e destruíram metade dela. Eles atearam fogo a cerca de 50 plantações. As mulheres que lideraram a revolta foram Mary Thomas, Mathilda McBean e Axeline Elizabeth Salomon, conhecida como Agnes Salomon. Elas foram queimadas vivas quando os colonos assumiram o controle. Um monumento representando as três as homenageia na cidade de Charlotte Amalie, na ilha de Saint-Thomas. Em Copenhague, em frente ao antigo armazém das Índias Ocidentais, onde eram estocados açúcar e rum, fica um monumento de 7 metros de altura em homenagem a Mary Thomas, conhecida como Queen Mary. Erguido em 2018, esse monumento é obra de duas mulheres, La Vaughn Belle (originalmente das Ilhas Virgens) e Jeannette Elhers (dano-trinidadiana). Batizado de *I Am Queen Mary*, ele simboliza a luta contra o colonialismo e o racismo. Uma rodovia em Sainte-Croix é chamada de Queen Mary Highway.

Em Saint-John, outra possessão da Dinamarca escravagista nas Ilhas Virgens, é de Breffu, conhecida como Queen of Saint-John, que ainda se fala. Ela participou mais do que ativamente da longa revolta que foi de novembro de 1733 a agosto de 1734, durante a qual os escravizados akwamus confrontaram seus opressores. Os subsaarianos deportados para a ilha pertenciam, em sua maioria, ao povo akwamu, um ramo do grupo akan que inclui os mais famosos axantis e bauleses. A insurreição de Saint-John, que precedeu em várias décadas as revoluções americana, francesa e haitiana, foi a primeira grande experiência de protesto nas Américas. Marcada pela presença de nobres do reino akwamu reduzidos à escravidão — os mais famosos deles foram o rei June e o príncipe Aquashi —, essa insurreição deixou uma forte marca cultural subsaariana e poderia ter levado à fundação de um Estado subsaariano nas Américas.

As fugas eram tão frequentes em Saint-John que uma comunidade de fugitivos logo se formou depois de achar refúgio na mata. A população subsaariana, ainda acorrentada ou em fuga, era cinco vezes mais numerosa que a dos colonos. No outono de 1733, June e Aquashi escaparam e começaram a reunir seu povo. Os tambores eram usados para se comunicar de um ponto a outro da ilha. A insurreição começou com a ambição de conquistar Saint-John, mas também algumas das ilhas vizinhas. Os insurgentes tomaram posse do território. Os dinamarqueses tiveram que recorrer aos franceses estabelecidos na Martinica. Foi nesse contexto que Breffu lutou, e com tanta ferocidade que muitos se surpreendiam, a princípio, ao descobrir que se tratava de uma mulher. Algumas crônicas dizem que ela vinha da nobreza akwamu. Durante os meses de guerra contra os colonos, Breffu assumiu o comando de uma tropa e o controle de parte da ilha enquanto os outros combatentes cuidavam do resto. Unidos por um mesmo pertencimento, os akwamus planejavam recriar seu modo de vida ancestral. Esta foi provavelmente uma das falhas de seu projeto, já que não favorecia muito os escravos que não pertenciam a seu povo. Na verdade, os akwamus queriam se libertar dos colonos e dominar os outros subsaarianos. A hierarquia social que sempre haviam conhecido era mais importante para eles do que a ideia de uma irmandade racial que não tinha sentido na África original. Eles não foram os únicos para quem a cor da pele não foi um elemento unificador, pois os colonos trouxeram, de outras ilhas, uma tropa de escravos libertos armados para caçar os insurgentes (Woods, 2003). A chegada dos franceses permitiu que os dinamarqueses recuperassem o controle. Acompanhada pelo rei June e por outros insurgentes, Breffu se matou. O suicídio coletivo, visto como ato ritual por alguns analistas, era tanto uma recusa à submissão quanto uma forma de retorno à terra subsaariana.

No Haiti, as mulheres que marcaram a revolução antiescravagista foram muitas. Como as informações a respeito delas são mais acessíveis do que as relativas às afro-brasileiras ou caribenhas não francófonas, nos limitaremos a citar três delas entre as mais famosas: Suzanne Belair, conhecida como Sanité Belair — cujo rosto adorna a nota de 10 gourdes, a moeda do país —, mal saíra da adolescência quando se alistou no exército de Toussaint Louverture e se tornou sargento e depois tenente. Catherine Flon, cujo nome será para sempre associado à bandeira haitiana, a criou em maio de 1803. Desde o ano 2000, uma praça a homenageia no Champ de Mars em Port-au-Prince, dentro da praça dos heróis da independência. Várias escolas e ruas também levam seu nome. Cecil Fatiman, mambo — sacerdotisa vodu — oficiou no final da cerimônia do Bois-caiman liderada por Boukman Dutty. Esse momento crucial para os insurgentes foi um prelúdio espiritual para a luta. Os diferentes perfis de mulheres que os haitianos veneram e consideram como símbolos de identidade nos desafiam, pois não são apenas guerreiras. As três mencionadas nestas linhas ilustram várias das múltiplas facetas do papel da força feminina na sociedade: a defesa da comunidade, a mediação com o invisível e o trabalho criativo.

Durante séculos, a vida tem sido uma luta para as mulheres de ascendência subsaariana. Originárias do continente ou resultantes da dispersão escravagista de seus povos, elas não foram espectadoras da História. Muitas são aquelas que deveriam ter sido mencionadas, convidadas a inspirar essa outra língua em que as mulheres existem primeiro por elas mesmas. Não apesar do poder que as oprime, mas porque sua existência, o sentido dela, precede a dominação e a transcende. Mesmo brutalizadas, reduzidas ao silêncio, expulsas da luz, são melhores do que apenas vítimas, quase por natureza. A violência exercida pelos homens nunca atesta sua capacidade de dominar as mulheres. Ela faz exatamente o contrário. Vemos isso especialmente com as mulheres subsaarianas: nos espaços subterrâneos da História, em seus pontos cegos, elas viveram com ardor. Que outras tenham optado por não dizer nada sobre isso não nos diz nada sobre as mulheres da África subsaariana. Elas estão no começo de tudo e só precisam saber disso novamente. Algumas, nessa época conturbada que é a nossa, não perderam a noção de si mesmas. Apesar de todos, elas estão neste mundo, e sua turbulência não as abala.

Ao raiar do dia, em uma das principais avenidas de Lomé, capital do Togo, caminha uma mulher. Sozinha, descalça e com os seios nus, tiras de couro cravejadas de búzios cruzam seu peito e suas costas. Ela, provavelmente, saiu de um templo vodu ou de um bosque sagrado da cidade. Será que sabe, será que se importa em saber que sua forma de se apresentar era vista como uma marca de selvageria? Ela caminha. O que há nela a empurra para frente. Tranquila, ela não vê quem a observa. Ela é esse caracol cuja passagem lenta e silenciosa deixa uma marca na terra. Logo, ela vai voltar a vestir a roupa da época, montar a sua banca, oferecer suas laranjas, suas papaias. Talvez faça outra coisa. Ela estará no mundo como ele se impôs, abrigando o seu dentro de si. Sabe que, ao longe, descendentes de mulheres subsaarianas deportadas ou imigrantes lamentam ver imagens de suas ancestrais de pés descalços e seios nus? Seria um sinal de inferioridade, de degradação. Não sabemos o que ela sabe. Emana dela uma delicadeza rara, um poder inigualável. Quantos massacres para se apoderar das riquezas desse continente, e quantos discursos para negar o seu valor? Tudo isso é nulo e sem efeito: aqui, os povos nunca morrerão o suficiente para deixar de viver. Uma mulher avança pela manhã que surge, os pés descalços na primeira terra dos humanos, os seios oferecidos à respiração do universo. Nenhuma autoridade substitui a dela. Todas as palavras estão em seus silêncios, todos os seres vivos em seu corpo. O pássaro da manhã dedica seu canto a ela. As ondas do mar rugem em sua saudação. O sol nasce lentamente para lhe fazer homenagem e vesti-la com uma doce luz.

# REFERÊNCIAS

ACHEBE, Chinua. *O mundo se despedaça*. São Paulo. Cia das Letras, 2009 [1958].

ACHOLUNU, Catherine Obianuju. *Motherism, The Afrocentric Alternative to Feminism*. Owerri: Afa Publications, 1995.

ADUAYOM, Messan Adimado. Un prélude au nationalisme togolais: la révolte de Lomé, 24-25 janvier 1933. *Cahiers d'Études Africaines*, n. 93, p. 39-50, 1984.

ALEXANDRE, Pierre. Proto-histoire du beti-bulu-fang: essai de synthèse provisoire. *Cahiers d'Études Africaines*, n. 20, p. 503-560, 1965.

BERTHO, Elara. Med Hondo, une voix anticolo-niale. *Cahiers d'Histoire. Revue d'Histoire Critique*, Association Paul Langevin, 2019; *Que Fait l'ONU? Droit d'Inventaire*, p. 139-144 (ffhal-02272501).

BIBLIOTECA DO CECULT. Tereza de Benguela: a escrava que virou rainha e liderou um quilombo de negros e índios. *Universidade Federal do Recôncavo da Bahia*. Disponível em: https://www1.ufrb.edu.br/bibliotecacecult/noticias/220-tereza-de-benguela-a-escrava-que-virou-rainha-e-liderou-um-quilombo-de-negros-e-indios. Acesso em: 4 jul. 2023.

BONAMBELA, Prince Dika Akwa nya. *Les descendants des pharaons à travers l'Afrique*. Paris: Osiris-Africa, 1985. p. 249.

BOURDILLON, Rémy. À la recherche du matriarcat perdu et fantasmé des Bijagos. *La Gazette des Femmes*, 19 jun. 2018.

BRAUN, Françoise Braun. Matriarcat, maternité et pouvoir des femmes. *Anthropologie et Sociétés*, v. 11, n. 1, p. 45-55, 1987.

CARNEIRO, Sueli. Noircir le féminisme. *Nouvelles Questions Féministes*, v. 24, n. 2, p. 27-32, 2005.

CENTRE NATIONAL de Ressource Textuelles et Lexicales. Féminisme. Disponível em: https://www.cnrtl.fr/definition/feminisme. Acesso em: 4 jul. 2023.

CHERRUAU, Pierre. Guinée Bissau – L'archipel où les femmes sont reines. *Ulysse Mag*, 20 abr. 2010.

DECRAENE, Philippe. Les difficultés de M. Nkrumah peuvent expliquer la tension survenue entre Accra et Lomé. *Le Monde Diplomatique*, jan. 1963, p. 4.

DESCAMPS, Élodie. Taytu Betul, chef de guerre et "lumière" de l'Éthiopie. *Jeune Afrique*, 7 mar. 2018.

ENCYCLOPEDIA BRITANNICA. The Jamaican Rebellions. Disponível em: https://www.britannica.com/topic/maroon-community/The-Jamaican-rebellions. Acesso em: 4 jul. 2023a.

ENCYCLOPEDIA BRITANNICA. Zaria, Historical Kingdom and Province, Nigeria. Disponível em: https://www.britannica.com/place/Zaria-historical-kingdom-and-province-Nigeria. Acesso em: 4 jul. 2023b.

EQUIPE HUFFPOST. Quem foi Aqualtune, avó de Zumbi dos Palmares, homenageada pela Mancha Verde? Disponível em: www.huffpostbrasil.com. Acesso em: 5 mar. 2019.

EZEMBE, Ferdinand. *L'enfant africain et ses univers*. Paris: Karthala, 2009. p. 203.

FIÉLOUX, Michèle. "Femmes invisibles" et "femmes muettes". À propos des événements ibo de 1929. *Cahiers d'Études Africaines*, n. 65, p. 189-194, 1977.

FOSTER, Kimberly. Why I Will Not March for Eric Garner. *For Harriet*, v. 22 jul. 2014.

FONCHINGONG, Charles C.; TANGA, Pius T. Crossing Rural-Urban Spaces. *Cahiers d'Études Africaines*, n. 185, p. 117-143, 2007.

HENRIQUE, Kleber. Dandara, a face feminina de Palmares. Disponível em: www.geledes.org.br. Acesso em: 20 out. 2011.

HEYWOOD, Linda M. Njinga. *Histoire d'une reine guerrière*. Paris: La Découverte, 2018. p. 83, 85, 121, 150, 226, 235-236. (Tradução nossa.)

HIRIBARREN, Vincent. La guerre des femmes. *Libération Africa4*, 19 out. 2016.

HONDO, Med. *Sarraounia*, produzido por Les films Soleil Ô, estreia (França): novembro de 1986. (O filme é uma adaptação de *Sarraounia*, romance de Abdoulaye Mamani, L'Harmattan, 1980.)

HUDSON-WEEMS, Clenora. *Africana Womanism, Reclaiming Ourselves*. Troy: Bedford Publishers Inc., 2004. p. 20-21 (Primeira edição, 1993). (Tradução nossa.)

ILESANMI, Oluwatoyin Olatundun. Efunsetan Aniwura: a Psycho-Historical Exploration of Women's Psychopathology. *International Journal of Information and Education Technology*, v. 4, n. 2, abr. 2014.

ISIS INTERNATIONAL. Women and Development/the Wellesley Conference, jun. 1976. Disponível em: http://feministarchives.isiswomen.

org/50-isis-international-bulletin/isis-international-bulletin-april-1977/654-women-and-development-the-wellesley-conference. Acesso em: 4 jul 2023.

JACKSON, Guida M. Women Rulers Throughout the Ages. *ABC Clio*. London: Bloombury, 1999. p. 399.

JACOB, Fabienne. *Corps*. Paris: Buchet-Chastel, 2010. p. 14.

JONES-ROGERS, Stephanie E. *They Were Her Property*. London: Yale University Press, 2019.

LABURTHE-TOLRA, Philippe. Le mevungu et les rituels féminins à Minlaaba. Mères pacifiques, femmes rebelles. 1985, p. 233-243. Disponível em: https://horizon.documentation.ird.fr/exl-doc/ pleins_textes/pleins_textes_7/b_fdi_03_05/23856.pdf. Acesso em: 4 jul. 2023.

LE BIHAN, Yann. *Construction sociale et stigmatisation de la "femme noire": imaginaires coloniaux et sélection matrimoniale*. Paris: L'Harmattan, 2007. p. 87-95.

LE HOUEROU, Fabienne. Les femmes érythréennes dans la guerre d'indépendance 1971-1991. L'émergence de nouvelles actrices politiques. *Revue d'Histoire Moderne et Contemporaine*, n. 47/3, p. 604-615, 2000. (Tradução nossa.)

LIKING, Werewere. *L'enseignement de l'éveilleuse d'étoiles*. Paris: Panafrika, 2013. p. 162.

LORDE, Audre. My Words Will Be There. In: *I Am Your Sister, Collected and Unpublished Writings of Audre Lorde, Rudolph Byrd, Johnnetta Betsch Cole et Beverly Guy-Sheftall* (ed.). Oxford: Oxford University Press, 2009. p. 168. (Tradução nossa, a partir do original em inglês.)

MACRON, Emmanuel. *Discours au Sommetda Francofonia para Erevan*, 11 out. 2018. Disponível em: https://www.elysee.fr/emmanuel-macron/2018/10/12/discours-au-sommet-de-la-francophonie-a-erevan. Acesso em: 4 jul. 2023.

MBAH, Ndubueze L. Judith Van Allen, "Sitting on a Man", and the Foundation of Igbo Women's Studies. *Journal of West African History*, v. 3, n. 2, p. 156--165, automne 2017. (Tradução nossa.)

MIANO, Leonora. *Afropea*: utopie post-occidentale et post-raciste. Paris: Grasset, 2020.

MINISTÈRE DES COLONIES. Séries géographiques Soudan français, 1875/1911. Disponível em: http://anom.archivesnationales.culture.gouv.fr/getpdf?id=FRANOM_00083. Acesso em: 4 jul. 2023.

MOUME-ETIA, Léopold; MBAMBE, Tete Iyo Ba. *La saga des Douala et apparentés*, abr. 1979-out. 1992, p. 46. (Este é um livreto, provavelmente, autopublicado e distribuído dentro da comunidade Sawa, razão pela qual nenhum editor é mencionado.)

NDENGE, Rose. Mobilisations féminines au Cameroun français dans les années 1940-1950: l'ordre du genre et l'ordre colonial fissurés. *Le Mouvement Social*, v. 255, n. 2, 2016, p. 71-85.

OMBOLO, Jean-Pierre. *Sexe et société en Afrique noire*. Paris: L'Harmattan, 1990. p. 348.

PARLAMENTO EUROPEU. Resolução do parlamento europeu de 26 de março de 2019, sobre os direitos fundamentais das pessoas de ascendência africana. Disponível em: www.europarl.europa.eu/doceo/document/TA-8-2019-0239_FR.html. Acesso em: 8 dez. 2023.

PARLAMENTO EUROPEU. Resolução do parlamento europeu de 19 de junho de 2020 sobre as manifestações contra o racismo após a morte de George Floyd. Disponível em: www.europarl.europa.eu/doceo/document/TA-9-2020-0173_FR.pdf. Acesso em: 8 dez. 2023.

PERROT, Michelle. Les femmes ont une histoire. *In*: *Le chemin des femmes*. Paris: Robert Laffont/Bouquins, 2019. p. 616.

PLANCQUAERT, M. S. J. *Les Jaga et les Bayaka du Kwango, Contribution historico-ethnographique*. Institut Royal Colonial Belge, section des sciences morales et politiques, Mémoires – Collection in-8º, tome III, fascicule 1. Bruxelles: Librairie Falk Fils, 1932. p. 46.

RETEL-LAURENTIN, Anne. Évasions féminines dans la Volta noire. *Cahiers d'Études Africaines*, n. 73-76, p. 253-298, 1979.

RÉVOLUTION néolithique: comment l'homme a pris pos-session du monde. *Le Point*, 12 dez. 2017. Entrevista de Jean-Paul Demoule a Baudoin Eschapasse.

RILLY, Claude. Le royaume de Méroé. *Afriques*. *Varia*, 21 abr. 2010. Disponível em: http://journals.openedition.org/afriques/379. Acesso em: 4 jul. 2023.

RILLON, Ophélie. Quand les militantes de quartier "jouent les gros bras". Genre et violences politiques au tournant de l'indépendance du Soudan français. *Le Mouvement social*, v. 255, n. 2, p. 87-101, 2016.

ROGET, Jacques Petijean. Les femmes des colons à la Martinique au XVI$^e$ et XVII$^e$ siècle. *Revue d'Histoire de l'Amérique Française*, v. 9, n. 2, p. 176-235, 1955.

ROUBAIX, François de. *Kenya, le village des femmes*, doc. 43 min. Produção: MedienKontor. Difusão: Arte France. Westdeustcher Rundfunk, 2007.

SADE, Donatien Alphonse François de. *La philosophie dans le boudoir*. v. 1. Paris: Gallimard, 1976. p. 131. (Tradução nossa.)

SALAMONE, Frank A. *The Hausa of Nigeria*. Rowman & Littlefield, 2009. p. 108.

SERBIN, Sylvia. *Reine d'Afrique et héroïnes de la diáspora noire*. Paris: Sepia, 2004. p. 37. (Traduçãonossa.)

SHANKLIN, Eugenia. Anlu Remembered, The Kom's Women's Rebellion of 1958-61. *In*: Diamond, M. J. (ed.). *Women and Revolution*: Global Expressions. Dordrecht: Kluwer Academic Publishers, 1998. p. 133-171.

SHELDON, Kathleen E. *Historical Dictionary of Women in Sub-Saharan Africa*. The Scarecrow Press, 2005. p. 180.

SOCIÉTÉ AFRICAINE DE CULTURE. La civilisation de la femme dans la tradition africaine. Colloque de Abidjan 3-8 Julliet 1972. Paris: Presénce Africaine, 1975. p. 13.

SOW, Fatou. Les défis d'une féministe en Afrique. *Travail, Genre et Sociétés*, v. 20, n. 2, p. 5-22, 2008.

SYLVANUS, Nina. Commerçantes togolaises et diables chinois. Une approche par la rumeur. *Politique Africaine*, v. 113, n. 1, p. 55-70, 2009.

TANNER, Birgit; GUTSCHMIDT Carsten (diretores). *Le guerrier était une femme. Une archéologie des sexes*, 2019, 52 min. (exibido no canal Arte em 18 de março de 2020).

TCHAK, Sami. *La sexualité féminine en Afrique*. Paris: L'Harmattan, 1999. p. 22.

THÉ, Marie-Paule Bochet de. *Rites et associations traditionnelles chez les femmes bëti (sud du Cameroun)*. Disponível em: https://horizon.documentation.ird.fr/exl-doc/pleins_textes/pleins_textes_7/b_ fdi_03_05/23857.pdf. Acesso em: 4 jul. 2023.

THIAM, Awa. *La parole aux négresses*. Denoël/Gonthier, 1978. p. 17.

TIENDREBEOGO, Yamba (ou Naba Abgha, redigido por R. Pageard). Histoire traditionnelle des Mossi de Ouagadougou. *Journal des Africanistes*, n. 33-1, p. 7-46, 1963.

TOLER, Pamela D. *Women Warriors:* An Unexpected History. Boston: Beacon Press, 2020. p. 91. (Tradução nossa.)

TOULABOUR, Comi. Les Nana Benz de Lomé. Mutations d'une bourgeoisie compradore, entre heur et décadence. *Afrique Contemporaine*, v. 244, n. 4, p. 69-80, 2012.

UNESCO. Arquivo educacional da Unesco. Mulheres na história da África. Disponível em: https://fr.unesco.org/womeninafrica/njinga-mbandi/pedagogical-unit/3. Acesso em: 4 jul. 2023.

VERCOUTTER, Jean. Un palais des "Candaces" contemporain d'Auguste (Fouilles de Wab-ban-Naga 1958-1960). Syria. *Archéologie, Art et Histoire*, n. 39-3-4, p. 263-299, 1962.

VINCENT, Jeanne-Françoise. La ménopause, chemin de la liberté selon les femmes beti du Sud-Cameroun. *Journal des Africanistes*, n. 73-2, 2003.

VIRGIN ISLANDS HISTORY. The Three Rebel Queens. Disponível em: www.virgin-islands-history.org. Acesso em: 4 jul. 2023.

WOODS, James (apres.). Saint-John Slave Revolt. *Moments in Time*, episódio 10. Produção: Terra Nova Television pelo Discovery Channel, 2003.

**FONTES** Warnock Pro e Gazzetta
**PAPEL** offset 75g/m²
**IMPRESSÃO** Gráfica Edelbra, setembro de 2024
1ª edição